D1278207

DAT

DIE BAUTEN, DAS LEBEN, DIE STADT AM ENDE DER NEUNZIGER JAHRE

Ein Buch von Manuel Cuadra

Mit einem Vorwort von Heinrich Klotz

HERAUSGEBER JO.FRANZKE

JUNIUS

ARCHITEKTUR IN FRANKFURT
Die Bauten, das Leben, die Stadt
am Ende der neunziger Jahre

Konzept und Redaktion:
Dr. Manuel Cuadra, Frankfurt am Main
Herausgeber:
Jo. Franzke
Graphik Design:
Trust, Frankfurt am Main /
Thomas Feicht, Claudia Knie
Koordination:
INSTANT, Frankfurt am Main,
Brigitte Schecker
Satz:
Typo Profis GmbH, Frankfurt am Main
Gesamtherstellung:
Druckhaus Dresden

Printed in Germany
ISBN 3-88506-283-6
1. Auflage 1999

Junius Verlag GmbH
Stresemannstraße 375
22761 Hamburg

Die Deutsche Bibliothek – CIP-Titelaufnahme
Cuadra, Manuel:
Architektur in Frankfurt: Die Bauten,
das Leben, die Stadt am Ende der neunziger Jahre /
Ein Buch von Manuel Cuadra. Mit einem Vorwort von
Heinrich Klotz und Texten von Jean-Christophe Ammann,
Dieter Bartetzko, Ulrike Kolb, Marcel Reich-Ranicki,
Petra Roth, Wilfried Wang, Martin Wentz u. a.
Herausgegeben von Jo. Franzke. – 1. Auflage – Hamburg:
Junius, 1999
ISBN 3-88506-283-6
NE: Manuel Cuadra, Jo. Franzke (Hrsg.)

Titelabbildung:
Tim Thiel

(Inhalt)

Frankfurt, das Buch

»Heimliche« oder gar »wahre Hauptstadt Deutschlands«, zu der die *Wirtschaftswoche* kürzlich das Handels- und Finanzzentrum am Main erklärte, oder nicht: Frankfurt ist ohne Zweifel eine interessante Stadt. Ihre wirtschaftliche Bedeutung ist dabei nur ein Aspekt unter mehreren. Für das öffentliche Leben vor Ort spielen die Impulse, die von den zahlreichen von Frankfurt aus wirkenden Persönlichkeiten ausgehen, eine wichtige Rolle, und zwar unabhängig davon, ob diese in der Welt der Banken und der Börse, oder der Medien und der Kultur beheimatet sind. Typisch für Frankfurt ist das breite Spektrum dieser Aktivitäten und Institutionen.

So schließt die Theater- und Musikszene zwischen dem *Ensemble Modern* und der *Alten Oper*, dem *Ballett Frankfurt*, dem *TAT*, dem *Tigerpalast* und der Rap- und der Technoszene viele sehr unterschiedliche und zu einem großen Teil sehr informelle Initiativen ein. Für die *Frankfurter Rundschau*, die *FAZ* und die *Titanic*, die Universität und das *Städel* sowie die – trotz finanzieller Dauerkrise – bemerkenswert aktiven städtischen Museen – das *Museum für Moderne Kunst* zum Beispiel –, stehen nicht nur die prominenten Leiter dieser Einrichtungen, sondern auch zahlreiche Wissenschaftler, Schriftsteller und Künstler, deren Präsenz und Arbeit nicht allein diese Institutionen mit Leben erfüllt, sondern die Stadt als Ganzes.

Orientiert man sich an der Bauaktivität, der Qualität der entstandenen Gebäude und dem Prestige der beteiligten Architekten, aber auch an der bundesweiten Aktivität zahlreicher lokaler Architekturbüros, darf man Frankfurt auch als einen bedeutenden Architekturstandort bezeichnen. Dank dem *Deutschen Architekturmuseum*, dem *Bund Deutscher Architekten*, dem *Stadtplanungsamt* und anderer städtischer Einrichtungen, die immer wieder für die Realisierung von Ausstellungen und Vortragsreihen sorgen, mangelt es auch nicht an Diskussionsveranstaltungen, die zu einer vitalen Architekturszene gehören. Am besten wird die Besonderheit und die große Bedeutung der Architektur für die Stadt und für ihr Image aber durch ihre Skyline veranschaulicht. Sie verhalf Frankfurt nach dem Krieg zu einer neuen städtebaulichen Identität, und zwar aus eigener Kraft und ohne den Rückgriff auf Historismen oder andere Hilfskonstruktionen.

In deutlichem Kontrast zu alledem steht die relativ schwache Präsenz der Frankfurter Architektur in der Fachpresse. Dies liegt zweifellos in erster Linie daran, daß in Frankfurt jene großen Architekturzeitschriften fehlen, die – wie die *Bauwelt* in Berlin, die *Deutsche Bauzeitung* in Stuttgart und der *Baumeister* in München – der Architekturproduktion in »ihrer« Stadt überdurchschnittlich viel Beachtung schenken und sie damit auch einem breiten Publikum bekannt machen.

Weil die Bürgerstadt Frankfurt im Bereich der Kultur immer auf private Initiativen angewiesen war, um solche Mängel zu kompensieren, wollte ich die Rahmenbedingungen dafür schaffen, daß ein Buch wie das vorliegende entstehen konnte. Eine Art Jahrbuch der Architektur sollte die Publikation werden, zugleich sollte sie aber über die Architektur hinaus das facettenreiche Leben in unserer Stadt thematisieren.

Manuel Cuadra hat die Aufgabe übernommen, aus diesem Wunsch ein Buch werden zu lassen. Er hat das vorliegende Konzept entwickelt, die hier dokumentierten Bauten und Kunstobjekte sowie die Statements und Essays ausgewählt und sie in der vorliegenden Form strukturiert. Die gestalterische Umsetzung seines Konzeptes durch Thomas Feicht und Claudia Knie/*Trust in Communication* überzeugt durch ihre Angemessenheit wie durch ihre Originalität. Ich meine, daß sich Inhalt und Form entsprechen und zusammen ein gutes Bild von Frankfurt und von der Atmosphäre vermitteln, in der hier gelebt und gebaut wird.

Ohne die Bereitschaft der Architekten, uns die Fotografien und Zeichnungen zu ihren Bauten zur Verfügung zu stellen, wäre dieses Buch allerdings nicht möglich gewesen. Dank gilt auch den beteiligten Architekturkritikern und Fotografen. Daß auch sie unerläßliche Protagonisten einer lebendigen Architekturszene sind, beweisen sie durch die Qualität und Eigenständigkeit ihrer Texte und Fotografien. Ausgesprochen schön war es mitzuerleben, wieviele Frankfurter Persönlichkeiten unserem Aufruf gefolgt sind und sich mit kürzeren und längeren Beiträgen an diesem Buch beteiligt haben. Auch ihnen gilt mein Dank.

JO. FRANZKE

Frankfurt, die Architektur

Der Weg Frankfurts führte aus Ruinen heraus, aus einer gänzlich zerstörten Altstadt hin zu einer City, die wie keine andere Großstadt in Europa ihr Gesicht verändert hat gegenüber dem, was vor dem Zweiten Weltkrieg war. Heute können wir feststellen, daß das Ansehen der Stadt beträchtlich gewachsen ist und daß wir aus der langen Phase der Frankfurt-Verachtung heraus sind. Es ist ja auffällig, daß von Mainhatten, Bankfurt und Krankfurt nicht mehr die Rede ist.

Als ich im Jahr 1977 in einem Artikel in der *Frankfurter Rundschau* aus Anlaß der Einweihung des BfG-Hochhauses behauptet habe, daß Frankfurt eine schöne Stadt werden könnte, und daß es gerade die Konzentrationen der Hochhäuser im Zentrum der Stadt sei, die wir in Zukunft positiv beurteilen würden, um andere Stadtteile hingegen auf niedriger Bauhöhe halten zu können, erhielt ich die schlimmsten Androhungen seitens entrüsteter Bürger, die allesamt an einer Art Hochhausidiosynkrasie litten. Inzwischen hat sich die Aggressivität gelegt, und nun, nachdem sich die Silhouette der Frankfurter Hochhäuser verdichtet hat, erkennen wir, daß Frankfurt durch sie eine neue und interessante Identität erlangt, ja, daß Frankfurt die einzige europäische Stadt ist, deren Zentrum von der Vielgestaltigkeit und Dichte der Hochhäuser bestimmt wird.

Wir müssen heute auch eingestehen, daß der ehemalige Baudezernent Frankfurts, der den Hochhausbau auf den Weg gebracht hat und wegen seiner durchaus problematischen Teilzerstörung des historischen Frankfurter Westends als gescheitert gilt, Kampfmeier, keineswegs nur gescheitert ist, sondern doch auch die entscheidenden Anstöße gegeben hat zum Hochhausbau inmitten einer ehedem ohnedies weitgehend zerstörten Innenstadt. Diese Umwertung hat auch stattfinden können, weil einige der Hochhäuser eine beachtliche architektonische Qualität besitzen. Ich selbst habe zum Beispiel für Helmut Jahns Messeturm gestritten. Ich habe mich bemüht, im Gegensatz zum Messetorhaus von Oswald Matthias Ungers den unterschiedlichen Charakter von Jahns Turm zu betonen, um so auch eine mannigfaltigere Stadtszene zu schaffen. Es war dann für mich eine große Genugtuung, daß der damalige Messechef Horstmar Stauber keine Einwände hatte gegen die verketzerte Postmoderne und kurzerhand an den gerunzelten Stirnen der Architekten vorbei Helmut Jahn den Bauauftrag für den Messeturm gab. Ich meine, daß diese Auftragsvergabe dem Bild der Stadt Frankfurt nicht geschadet, vielmehr der Skyline einen besonderen individuellen Charakter gegeben hat.

Das Frankfurter Hochbauamt hat unter der Ägide des ehemaligen Baudezernenten Erhard Haverkampf und dem ehemaligen Oberbürgermeister Walter Wallmann während des vergangenen halben Jahrhunderts seine wohl intensivste Wirkung entfaltet, nachdem Ernst May in der ersten Hälfte des Jahrhunderts mit dem Siedlungsbau der beginnenden Moderne bereits ein historisches Merkzeichen gesetzt hatte. Wallmann und sein Kulturdezernent Hilmar Hoffmann zielten in eine andere Richtung als May interessiert hätte; sie unternahmen es, die kulturelle Struktur der Stadt aufzuwerten. Auch das war umstritten und ist auch heute wieder umstritten. Doch was eigentlich war die programmatische Absicht?

Im Jahr 1977, als Wallmann seine Arbeit begann, trat bereits der heutige Stadtbaurat Roland Burgard auf den Plan und fragte mich, der ich die Gründung des Deutschen Architekturmuseums eben erst auf den Weg gebracht hatte, ob ich bereit sei, die neuen Tendenzen des Bauens in Frankfurt zu vertreten und bei der Besetzung der Jury für das Museum für Kunsthandwerk auch Architekten zu befürworten, die damals in Deutschland auf größtes Mißtrauen stießen, auf Richard Meier, Bob Venturi und Hans Hollein. Zuvor schon hatte sich die Frankfuter Stadtregierung überzeugen lassen, an O. M. Ungers für den Bau des Architekturmuseums einen Direktauftrag zu erteilen. Damit öffnete sich Frankfurt, früher als in Berlin, wo die IBA anlief, den neuen Richtungen der Internationalen Architektur. Wir nannten diese Neubesinnung »Revision der Moderne«, womit wir zugleich auch verdeutlichten, die Tradition der Moderne keinesfalls aufzugeben. Gleichzeitig war damit eine explizite Programmatik begründet, um dem Bauwirtschaftsfunktionalismus entgegenzuwirken. Das Frankfurter Museumsufer ist die Inkarnation dieser Programmatik, und mit allein seinen Bauten bis hin zum Museum für Moderne Kunst die wohl bedeutendste Bauleistung des Frankfurter Hochbauamtes während des vergangenen halben Jahrhunderts. Wir vergessen nicht, was alles sonst noch in diesen Jahren des von uns propagierten »neuen Neuen Frankfurts« entstanden ist: Die Schirn, der Römerberg, die Alte Oper.

Nun aber ist das Museumsufer während der vergangenen Jahre bei vielen in Ungnade gefallen. Ein überfordertes Kulturbudget hat einige dieser neuen Museen beinahe lahmgelegt. Hierbei kann es jedoch nicht allein um die eingeschränkte Finanzierungsmöglichkeiten dieser Ausstellungs- und Veranstaltungsorte gehen. Denn die Museen sind nicht nur zum Ausstellungszweck gebaut worden. Mit der neuen Funktionsbestimmung als Museen verband sich das ganz andere und ebenso wichtige Kulturgut des Denkmalschutzes: Das Stadtbild am Schaumainkai, die Villen und Wohnhäuser wie auch die Karmeliterkirche auf der City-Seite und das Rothschildpalais sollten einer neuen Bestimmung zugeführt und damit erhalten und revitalisiert werden. Nur allzu leicht vergessen kurzsichtige Kritiker, die den Museen den Ausstellungsetat absprechen, daß mit den Museen zugleich eine der schönsten, das Frankfurter Stadtbild bestimmenden Prospekte gerettet werden konnte. Nur allzu schnell ist diesen Kritikern aus der Erinnerung geschwunden, daß das hochbedeutende Eckhaus des Filmmuseums wie auch die Villa Junior des Deutschen Architekturmuseums bereits in Verrottung übergegangen waren und Bauspekulanten auf Abriß drangen, um auch dort, auf der anderen Mainseite, Hochhäuser zu errichten. Damit wäre nicht nur die Verdichtung der Frankfurter Bankencity verloren gegangen, sondern auch einer der historisch schönsten Stadtteile Frankfurts. Man sollte nicht vergessen, daß man mit dem Erhalt dieser Museumsbauten auch die Stadt erhalten hat, daß mit deren Leben auch die Stadt belebt ist und daß mit deren kulturellem Ansehen auch das Ansehen Frankfurts steht und fällt.

HEINRICH KLOTZ

Frankfurt, die Stadt

Dorf oder Metropole, das ist hier kein Entweder-Oder, in mancher Weise ist Frankfurt am Main beides: hier weltoffen, dort provinziell, mal kultiviert, mal banal, anspruchsvoll und bescheiden, kraftstrotzend und kleinmütig. Sicherlich kann man das auch von anderen Orten behaupten, nur sind die Kontraste in Frankfurt größer oder zumindest sichtbarer als anderswo, vielleicht weil sie weniger stark verdrängt werden oder sich einfach nicht mehr verdrängen lassen. Die Gründe dafür liegen in den Funktionen Frankfurts und in seiner historisch gewachsenen Konstitution.

Seit Jahrhunderten genießt der Handelsplatz wegen der zentralen Lage des Rhein-Main-Gebietes überregionale Attraktivität. Wenn sich die durch die Region führenden Verkehrswege gerade in Frankfurt bündelten, dann wegen des dortigen Übergangs über den Main. Ohne seine Brücken wäre Frankfurt in Größe und Wirtschaftskraft das südhessische Landstädtchen geblieben, das es in gewisser Weise auch heute ja immer noch ist. Als Marktplatz konzentrierte die Stadt jedoch überregionale Kräfte und Bewegungen auf sich. Spürbar wurde dies im Reichtum, der politischen Unabhängigkeit und der Bedeutung der Bürgerstadt in der Geschichte Deutschlands; sichtbar wurde es durch den Verkehr, durch die Wege, die Brücken und Wallanlagen.

Das für den Ort Typische war das Nebeneinander dieser großen Strukturen und der für sich genommen zwar kleinmaßstäblichen, in ihrer städtebaulichen Ausdehnung und Dichte aber nicht minder beeindruckenden Wohnquartiere. So basierte die städtebauliche Identität Alt-Frankfurts auf beidem, auf den Brücken wie auf den Fachwerkhäuschen der mittelalterlichen Altstadt. Letztere gingen im Zweiten Weltkrieg vollständig verloren, von der historischen Konstruktion der Brücken sind nicht mehr als Fragmente geblieben. Alte, verwinkelte Gassen finden sich nur noch außerhalb der Innenstadt, in den angrenzenden Stadtteilen und Dörfern. Auch heute noch stehen sie für das bodenständige, für das kleine und auch provinzielle Frankfurt, sie werden aber nicht nur von Touristen geschätzt, sondern haben ihren festen Platz in der multikulturellen Gesellschaft von heute gefunden.

Was über Jahrhunderte die Brücken waren, das ist für das Frankfurt der Nachkriegszeit der Flughafen. Zu einem internationalen Drehkreuz entwickelte sich der Landeplatz der Vorkriegszeit aber erst durch die Präsenz der US-amerikanischen Streitkräfte, die ihre europäische Zentrale in Poelzigs IG-Farben-Haus einrichteten und für ihre Operationen effiziente Verkehrsmittel benötigten. Was seitdem Frankfurt auszeichnet, ist ein dichtes Verkehrsnetz und die Möglichkeit des schnellen Wechsels von der Luft auf die Straße und die Schiene: An keinen anderen Platz in Deutschland kann man so schnell hinkommen und auch wieder weg sein. Davon profitierten auch der Schwarzmarkt und das Bahnhofsviertel, später die Finanzinstitute im angrenzenden Bankenviertel und die Börse, langfristig auch die Messe und viele der von Frankfurt aus weltweit wirkenden Unternehmen. Die Existenz des modernen Finanz-, Handels- und Dienstleistungszentrums verdankt sich dieser Entwicklung.

Für das Militär wie für die Wirtschaft dürften aber nicht nur die Lage und die Infrastruktur Frankfurts von Vorteil gewesen sein, sondern auch die Überschaubarkeit der Stadt. Wo sonst konnte eine so große Konzentration an Banken mitten im Herzen der Stadt entstehen? Wo gab es die Möglichkeit innerhalb der Stadtgrenze ein Messegelände dieser Ausdehnung zu installieren? Welcher andere Großflughafen ist mit der S-Bahn von der Innenstadt in wenigen Minuten zu erreichen? Begründet ist diese außergewöhnliche Situation in der geringen Ausdehnung der Stadt und in ihrer hohen baulichen Dichte, vor allem aber in ihrer Fähigkeit, großmaßstäbliche Strukturen zu integrieren.

Das für die Nachkriegsentwicklung Frankfurts so wichtige Wirtschaftswachstum stieß an seine Grenzen, als die Stadt in Konkurrenz zu anderen, kulturell attraktiveren Finanzzentren trat und erkennen mußte, daß sie nicht mithalten konnte. Um das Erreichte zu konsolidieren und neue Perspektiven zu eröffnen, wurden ehrgeizige Programme zur Ausstattung der Stadt mit Kultureinrichtungen, mit guter Architektur und mit Kunst implementiert. Daß es in den achtziger Jahren aber nicht um Kultur allein ging, sondern sehr zielstrebig um Imagepflege, ist an der Bedeutung zu erkennen, die bestimmten Äußerlichkeiten beigemessen wurde. Das Wichtigste an den neuen Museen waren zunächst nicht die Sammlungen, sondern die Gebäude, allesamt das Werk nationaler und internationaler Stararchitekten. Und bei den Gebäuden selbst galt das größte Interesse der möglichst avantgardistischen – sprich: medienwirksamen – Gestaltung. Im Extremfall, wie bei der rekonstruierten Fachwerkidylle der Ostzeile auf dem Römerberg, ging es nur um die Fassade. Doch auch damit war die Stadt auf der Höhe der Zeit.

Daß es bei der Inszenierung von Urbanität um *city tuning* geht, wie man heute sagt, und diese dem *city marketing* zu dienen hat, ist inzwischen gang und gäbe. Daß ein solches, auf den ersten Blick oberflächliches Verständnis von Stadtplanung und Architektur in der Mediengesellschaft von heute Sinn macht, dafür spricht auch die Überzeugungskraft der meisten Bauten am Museumsufer. Fassade ist für sie mehr als die äußere Erscheinungsform eines Raumprogramms oder einer Konstruktion, nämlich eine Schnittstelle zwischen »öffentlich« und »privat«, die der gesellschaftlichen Kommunikation dient. Doch auch sonst hat die Frankfurter Schocktherapie funktioniert: Ob sich die Europäische Zentralbank in das »Bankfurt« und »Krankfurt« der sechziger und siebziger Jahren getraut hätte? Vor allem aber zogen die ehrgeizigen Kultur programme zahlreiche Künstler und Intellektuelle an, die durch ihre Präsenz und ihre Arbeit das Leben in der Stadt deutlich bereicherten.

Zu den erfolgreichen Konsolidierungsmaßnahmen der achtziger Jahre gehört auch der Umbau der Messe von einer Ansammlung billiger Industriehallen zu einer ansehnlichen städtebaulichen Anlage. Entscheidend für die Definition der neuen städtebaulichen Identität Frankfurts waren aber nicht solche Projekte, sondern ein echtes städtebauliches Nebenprodukt der wirtschaftlichen Entwicklung: die Skyline. Folgerichtig wird der Konsolidierungprozeß derzeit durch einen »Hochhausentwicklungsplan« fortgeführt, der die Standorte von 16 neuen Hochhäusern definiert und damit einen Beitrag zur Erweiterung der Skyline leistet. Der Erschließung weiterer innerstädtischer Flächen dient »Frankfurt 21«, ein Plan zur Untertunnelung und Überbauung des Gleisgeländes am Hauptbahnhof.

Gänzlich unberührt von solchen Bemühungen zeigt sich dagegen der Flughafen Frankfurt/Main. Obwohl wirtschaftlicher Motor der Region und mit seinen gut 50.000 Mitarbeitern von der Größe her längst ein Stadtteil für sich, verweigert er sich immer noch der Stadtplanung. Es besteht jedoch die Hoffnung, daß die geplante Erweiterung der Landebahnen als Chance erkannt wird, den Flughafen insgesamt in seiner städtebaulichen Struktur und in seiner Beziehung zu den Ortschaften der Region und zur Landschaft adäquat zu ordnen und zu gestalten.

Doch auch so bleibt in Frankfurt genug zu tun. Zum Beispiel kommt unter der übermäßig auf einzelne bauliche Objekte fixierten Planung der öffentliche Raum zu kurz. Um dem Mangel an Plätzen und Parks zu begegnen, wird dem »Hochhausentwicklungsplan« ein genauso ehrgeiziger »Entwicklungsplan Öffentlicher Raum« folgen müssen, der nicht nur eine Verbesserung der vorhandenen Flächen zum Ziel hat, sondern vor allem die Schaffung neuer Räume großstädtischen Maßstabs, und zwar innerhalb des Stadtgebiets.

Die eigentlichen Herausforderungen der nächsten Jahre liegen jedoch auf einer anderen Ebene, nämlich in der Region. Fast unbemerkt hat sich Frankfurt in den letzten Jahrzehnten zu einer *global city* entwickelt, zu einem Ort – dem bedeutendsten in Deutschland – an dem sich die Fäden der globalen Wirtschaft zu Knoten verdichten und den Boden berühren. Bewundernd ist von Frankfurt als der weltweit kleinsten aller *global cities* die Rede. Ein solches für die Stadt vorteilhaftes Urteil übersieht jedoch, daß der im globalen Kontext relevante Wirtschaftsraum längst nicht mehr die Stadt selbst ist, sondern das Rhein-Main-Gebiet als Ganzes.

Ausdruck einer solchen *global region* sind dann auch nicht mehr die Megastrukturen des Flughafens, des Bankenviertels, der Messe, sondern die von der globalen Wirtschaft ausgelösten Bewegungen an Finanzmitteln, an Informationen, an Menschen und an Waren.

Doch »Rhein-Main« ist mehr als ein Wirtschaftsraum, nämlich ein zusammenhängender Lebensraum. Immer mehr Menschen leben an einem Ort, arbeiten an einem anderen, tätigen an einem Tag ihre Einkäufe hier, an einem anderen Tag verbringen sie ihre Freizeit dort. So ist ohne die 4,5 Mio. Einwohner der Region nicht zu erklären, wieso Frankfurt mehr Arbeitsplätze haben kann als Einwohner, nämlich um die 700.000. Doch es sind nicht nur die Pendler, die aus Frankfurt eine »richtige« Millionenstadt machen: Es kommen die Besucher der Messe und der Zeil hinzu und auch die 150.000 Passagiere des Flughafens. Besondere Ereignisse wie das Museumsuferfest oder das Hochhaus-Festival ziehen weit über eine Million Menschen an. Nicht nur in solchen Momenten stellt die Stadt einen zusammenhängenden »öffentlichen Raum« dar, der von den Menschen als solcher erkannt und benutzt wird. Frankfurt ist bei solchen Gelegenheiten keine »normale« Stadt mehr, sondern Teil eines größeren Ganzen, sie verwandelt sich in die Innenstadt einer »Regionalstadt Rhein-Main«.

Bis aber die Gestalt der Region tatsächlich den schon heute erkennbaren großmaßstäblichen Funktionsweisen gerecht wird, bleibt viel zu tun. Als Voraussetzung für die Überwindung der derzeitigen Fragmentierung des Raumes reicht es nicht, die ungesunde Konkurrenz zwischen den Kommunen zu bekämpfen: Es werden darüber hinaus überzeugende Formen des Miteinander gefunden werden müssen. Parallel dazu muß die Stadtplanung neue Konzepte für die mitteleuropäische Großstadt des 21. Jahrhunderts entwickeln, die sich an den Bedingungen und den Anforderungen der Regionen orientieren und neue Entwicklungsperspektiven eröffnen – mit der kompakten Großstadt des 19. Jahrhunderts werden sie kaum noch etwas gemein haben. Dank seiner ungebrochenen Wirtschaftskraft und der immer noch gewaltigen Bautätigkeit könnte das Rhein-Main-Gebiet auf diesem Gebiet Pionierleistungen erbringen.

So spannend solche Herausforderungen auch klingen mögen, so wenig sollten sie den Blick für das kleine Frankfurt, für das Leben hier, für die Kultur und die Architektur, um die es ja in diesem Buch geht, trüben. Es bleibt dabei: Region, Stadt, öffentlicher Raum und Architektur gehören zusammen, genauso wie Wirtschaft und Kultur, wie Gesellschaft und Individuum, wie Groß und Klein, und zwar nicht nur in Rhein-Main, aber auch dort.

MANUEL CUADRA

Das Zentrum

Die Stadt definiert sich von ihrem Zentrum her

Die Großstadt gilt als Modell gesellschaftlichen Zusammenlebens: sozial, kulturell, ökonomisch.
An der Entwicklung Frankfurts zur internationalen Messestadt, zum zentralen Finanzplatz,
zur Kulturstadt läßt sich ein Modell studieren. An der Schwelle zum dritten Jahrtausend ist
Frankfurt die Euro-City par excellence, das europäische Finanzzentrum und das Weltzentrum
des Buches. Beides gehört zusammen, beides wird mit der Stadt weltweit assoziiert: Geld und
Geist. Zum Modell aber wird Frankfurt nicht wegen der Hochhaussilhouette, wegen der Börse,
dem Messeturm, dem Museumsufer und der Alten Oper, sondern wegen des Umgangs mit seiner demo-
graphischen Heterogenität, wegen der Fähigkeit, mit Gegensätzen und Widersprüchen nicht nur
zu leben, sondern aus dem zivilisierten Umgang miteinander Kräfte für die Zukunft der Stadt-
gesellschaft zu schöpfen.

Stadtentwicklung heißt, bevorstehende Probleme und Konflikte zu antizipieren, um sie zu
entschärfen. Dazu gehört die Förderung der urbanen Identität: Die Stadt definiert sich von
ihrem Zentrum her.

PETRA ROTH

Fotografie KLAUS HAGMEIER, Frankfurt am Main

Die multikulturelle Stadt

Als international geprägtes Zentrum erfährt Frankfurt eine rasante Modernisierung. Die Lebensverhältnisse sind hier einer permanenten Umwälzung unterworfen. Berufsmöglichkeiten verändern
sich ebenso wie Stadtviertel, Stammkneipen, Cliquen und Familienstrukturen. Vertraute Gesichter
missen wir plötzlich. Fremde werden unsere Nachbarn. Diese Dynamik, für die einen animierende
Bereicherung, ist für die anderen, die Modernisierungsverlierer, deprimierende Last.

Zur sozialen Dynamik kommt die kulturelle Herausforderung durch die Migration. »Wenn der
Reichtum nicht zu ihnen kommt, kommen sie zum Reichtum«. Diese simple Logik gilt für Deutsch-
land wie für alle Länder der westlichen Hemisphäre und sie gilt erst recht für ein Zentrum wie
Frankfurt.

Wo aber, wenn nicht in der Großstadt, sollte die Integration gelingen? Indem sie ihr
Integrationspotential mobilisiert, erbringt die Metropole eine Leistung für die gesamte
Gesellschaft. Und: Weltoffene Städte haben es schon immer verstanden, die anfängliche Last der
Zuwanderung in den Reichtum von morgen zu verwandeln. Auch dafür ist Frankfurt ein Beispiel.

DANIEL COHN-BENDIT

Ich lebe seit 1956 in Frankfurt, und das sehr gerne. Um die Zukunft Frankfurts mache ich mir keine Sorgen. Der Standort Frankfurt hat Zukunft.

IGNATZ BUBIS

Frankfurt am Main hat die Neigung, sich durch nachweisbare Leistungen unangreifbar zu machen. Ihrer Funktionselite muß man wegen ihres so effizienten wie geräuschlosen Arbeitsstils eine sehr diskrete Wirksamkeit bescheinigen. Sie findet zu vielen Ereignissen, die im politischen Umfeld gelegentlich mit Aufgeregtheiten verknüpft werden, eine realistische, nahezu kühle Distanz - und spielt zugleich international vernehmbar mit: pragmatisch, hierarchiefrei. Hier sind die weitreichend Denkenden und kurzfristig Handelnden zu Hause.

Frankfurt am Main ist die Stadt,
deren Freund man gerne ist,
über die man nicht scherzt,
in der man gerne bleibt.

MORITZ HUNZINGER

Frankfurt

In Frankfurt steht kein Hofbräuhaus, aber die Europäische Zentralbank. Eintracht Frankfurt, unsere Fußballdiva, hat 1959 in Berlin gegen Kickers Offenbach zum letzten Mal die Deutsche Fußballmeisterschaft gewonnen. Dafür ist unser Flughafen wichtiger als der in München. Nationalismus ist Blödsinn, aber auf Lokalpatriotismus laß ich nichts kommen. Zumal der Begriff des Lokalen sich mit dem des Lokals aufs sympathischste deckt, so daß für eine richtig anständige Zivilgesellschaft immer noch die Stammkneipe das Urbild abgibt. Der Frankfurt-Heidelberger Dolf Stemberger (nicht, wie oft behauptet wird, Jürgen Habermas) hat den Begriff des Verfassungspatriotismus erfunden. Sauber! Aber was bedeutet das?
    Keine Ahnung, aber es macht bestimmt Sinn.
    Sinn ist ein typisch Frankfurter Produkt wie Handkäs und Börsenindex, aber der in Frankfurt hergestellte Sinn teilt mit den anderen wichtigen Produkten auch die Verfallszeit, am längsten hält der Handkäs. Damit muß man leben als Bürger dieser Stadt, mit der schnellen Vergänglichkeit. Der Satz, daß alles, was entsteht, wert sei, zugrunde zu gehen, wurde daher auch folgerichtig von Johann Wolfgang von Goethe gedichtet. Wer über Europa redet, darf also über Frankfurt nicht schweigen, denn es ist das Versuchslabor einer freiheitlichen Stadt in den Zeiten der Völkerwanderung und des Regionalchauvinismus.

Eine kleine Metropole

Ich weiß nicht, ob Frankfurt am Main eine Großstadt ist. Ich denke eher nein, dazu ist es
einfach zu klein. Ich glaube aber, daß Frankfurt am Main eine Metropole ist, allerdings eine
Metropole *sui generis*, nämlich eine besonders kleine, vielleicht sogar die kleinste, die es
überhaupt auf der Welt gibt. Frankfurt ist eine Metropole, weil sie auf kleinster Fläche nahezu alle denkbaren zeitgenössischen Stadttypen in engem Nebeneinander aufweist. Da gibt es die
kalte Pracht der Hochhaus-Stadt und die lebendigen öffentlichen Räume der Stadt des 19. Jahrhunderts, es gibt die klassisch großbürgerliche Villengegend und das pittoreske Gassengewirr,
es gibt die klassisch heitere Laubenpieper-Kolonie und die rauhe Industriebrache, es gibt die
künstliche Idylle der fünfziger Jahre und das harte Milieu des Bahnhofsviertels, es gibt die
lauschige Kleinsiedlung und die anonyme Selbstverwirklichung der Mietshausstadt. All dies ist
nicht ein abstrakter Warenhauskatalog, sondern ein komprimiertes Angebot an unterschiedlichen
Lebensweisen.
    Deswegen glaube ich, daß Frankfurt eine Metropole sein kann und vermutlich sogar ist.
Weil sie nicht die verschiedenen Auffassungen vom Zusammenleben in provinzieller Manier
zu vereinheitlichen versucht, sondern ihnen in unterschiedlichen städtischen Szenarien
entsprechende Entfaltungsmöglichkeiten gewährt. Weil sie nicht kleinbürgerlich nivelliert,
sondern differenziert. Weil sie nicht Gleichförmigkeit (und damit Mediokrität) anstrebt,
sondern vitale Unterschiedlichkeit.
    Ich wünsche Frankfurt am Main, der nicht besonders schönen, nicht besonders eleganten,
nicht besonders gemütlichen Stadt, daß sie nicht versuchen möge, schön, elegant oder gemütlich
zu werden. Ich wünsche ihr, daß sie ihre Unterschiedlichkeiten, ihre Kontraste, ja auch die
Brüche pflegen und verstärken möge. Aus diesen Unterschiedlichkeiten, aus diesen Kontrasten,
aus diesen Brüchen wird - ich bin sicher - eine neue Art von Schönheit entstehen, die in
Frankfurt bereits heute latent vorhanden ist, aber noch der Entdeckung und Entfaltung harrt.
Es ist die Schönheit der modernen Metropole von heute, die Frankfurt auf ganz und gar eigenständige Art und Weise und *en miniature* darzustellen die Chance hat.

VITTORIO MAGNAGO LAMPUGNANI

ULRICH RÜCKRIEM

UND

SEINE »STELE« AM SCHAUMAINKAI

Fotografie FRANK BLÜMLER, Frankfurt am Main

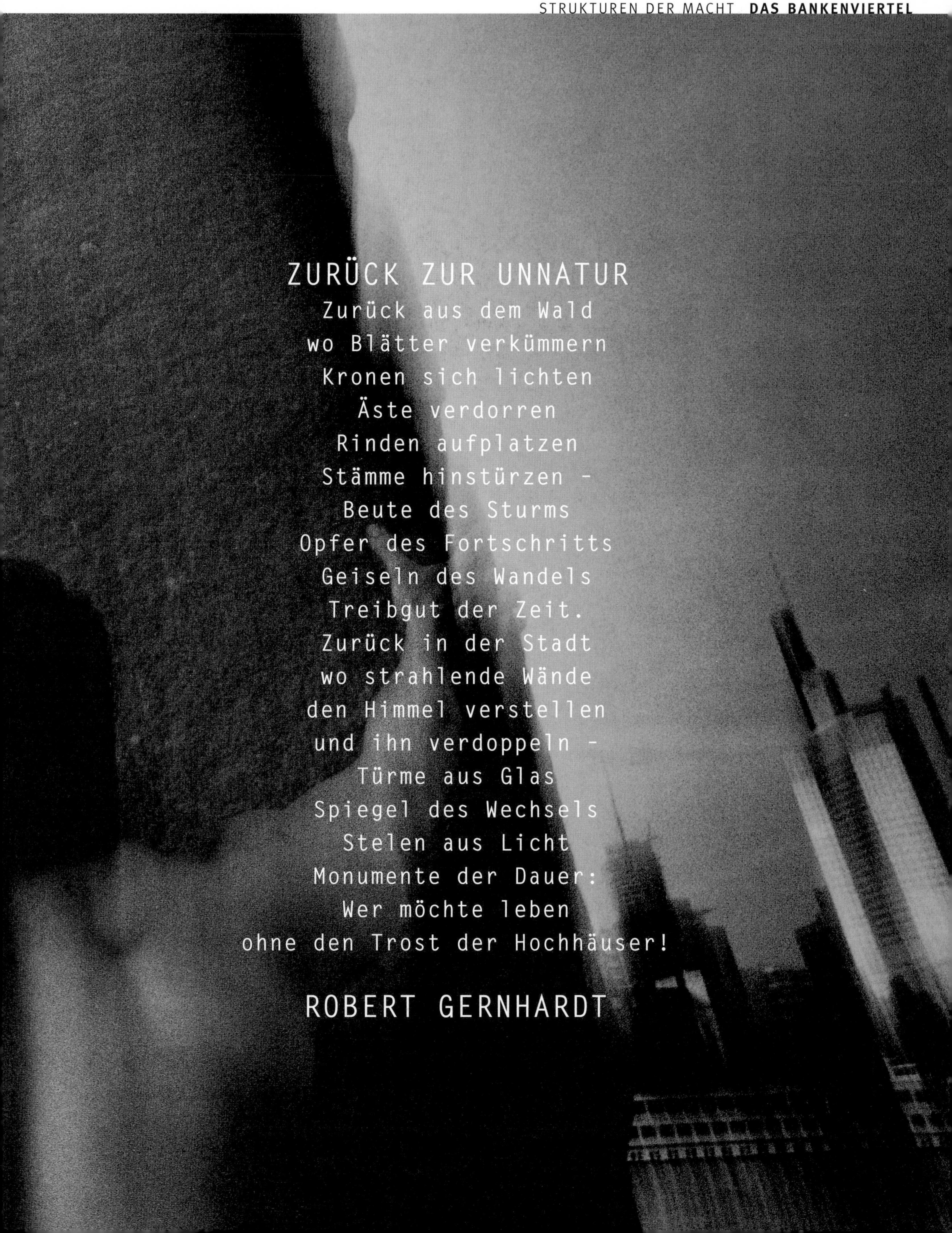

ZURÜCK ZUR UNNATUR
Zurück aus dem Wald
wo Blätter verkümmern
Kronen sich lichten
Äste verdorren
Rinden aufplatzen
Stämme hinstürzen –
Beute des Sturms
Opfer des Fortschritts
Geiseln des Wandels
Treibgut der Zeit.
Zurück in der Stadt
wo strahlende Wände
den Himmel verstellen
und ihn verdoppeln –
Türme aus Glas
Spiegel des Wechsels
Stelen aus Licht
Monumente der Dauer:
Wer möchte leben
ohne den Trost der Hochhäuser!

ROBERT GERNHARDT

Das Hochhaus der [Commerzbank]

ARCHITEKTEN Norman Foster + Partners

ESSAY Manuel Cuadra

FOTOGRAFIEN Thomas Ott

Zu schön, um wahr zu sein?

Als der Wettbewerbsentwurf von Norman Foster für das Hochhaus der Commerzbank im Jahr 1991 der Öffentlichkeit vorgestellt wurde, zeigte er den »ersten ökologischen Wolkenkratzer der Welt« als einen schlanken Turm von prägnanter Erscheinung und großer Eleganz. Die Fotomontagen und Modelle versprachen eine kraftvolle Megastruktur. Bestehen sollte sie aus drei an den Ecken eines leicht nach außen gewölbten, dreieckigen Grundrisses plazierten, über stählerne Vierendeelträger miteinander verbundenen Stahlbetonkernen. In das so entstandene Gerüst würden die zu achtgeschossigen Paketen zusammengefaßten, um einen über alle Geschosse laufenden Luftraum organisierten Büroetagen einfach hineingehängt. Hinter den leicht durchscheinenden Fassaden deuteten sich an allen drei Seiten des prismatischen Körpers die spiralförmig angeordneten »hängenden Gärten« an – als wahre grüne Lungen sollte man sie sich vorstellen, so üppig mußte ihre Vegetation werden, um das Gebäude auch ohne Klimaanlage über den zentralen Luftraum und eine Doppelfassade jederzeit mit frischer Luft versorgen zu können.

Für die städtebauliche Einbindung des mit einer Höhe von knapp 300 Metern höchsten Turms Europas sollte ein an der gründerzeitlichen Bebauung orientierter Sockelbau sorgen. Ebenfalls aus Rücksicht auf die Nachbarschaft wollten die Architekten den Haupteingang mit der monumentalen Treppe nicht zur Innenstadt mit der Kaiserstraße und dem repräsentativen Kaiserplatz hin orientieren, sondern zur rückwärtigen Großen Gallusstraße in Richtung Bankenviertel. Es war nicht zuletzt der Kontrast zur Kleinteiligkeit der übrigen Stadt, der dem Entwurf die Wucht einer Vision verlieh. Von einer besseren Welt sprach diese Architektur, einerseits hochtechnisiert, andererseits ökologisch sinnvoll. Nicht von ihr fremden Techniken wollte sie ihre Intelligenz beziehen, sondern sie wollte selber intelligent sein. Ein Gebäude, das sich allein durch die Disposition seiner Massen in einen klimatisch und energetisch optimierten Organismus verwandelt und das daraus auch noch seine architektonische, den Intellekt und die Sinne ansprechende Kraft bezieht, mußte begeistern. Zu schön, um wahr zu sein? – nicht nur die Architekten waren berauscht von diesem Zurück auf das Wesentliche, das zugleich ein Schritt nach vorne war.

Klar war, daß die Realisierung einer solchen Vision enorme Konsequenz und Sensibilität erfordern würde. Um zu überzeugen, hätten die dem Projekt innewohnenden städtebaulichen und ökologischen Widersprüche bis ins Detail gestalterisch verarbeitet werden müssen. Dazu aber kam es nicht. Vor lauter Begeisterung vergaß man seinerzeit die kommerziellen Hintergründe des Projektes, auf die der Bauherr irgendwann zurückkommen mußte. Dies geschah, als die Realisierung anstand und es konkret um die Ausführungsplanung ging. Von da an drehte sich alles vornehmlich um Kosten und Termine. In der Konsequenz wurde die Werkplanung der Baufirma anvertraut. Die von Norman Foster + Partners ausgearbeiteten Details wurden lediglich als Vorschlag betrachtet und vor ihrer Umsetzung von der Hochtief AG überarbeitet. Dies erklärt die technische und ästhetische Grobheit so mancher Lösung.

Innerstädtische Dichte –
das Hochhaus aus der Nähe

Tatsächlich sieht man dem grauen Baukörper von heute wenig von der Kraft des ursprünglichen Konzeptes an. Die Materialien der Fassaden sind nicht optimal aufeinander abgestimmt. Statt als Haut, hinter der Fleisch und Knochen und Blut zu spüren sind, erlebt man sie banal als das, was sie ist, nämlich als Verkleidung. In der Folge überzeugen die Fassaden nicht, die Abstufung und schrittweise Auflösung des Turmes im oberen Bereich wirkt unfertig, die rot-weiße Antenne wie ein Fremdkörper.

Die hängenden Gärten sind vor allem tagsüber von außen nur zu erahnen, im Inneren sind aus ihnen wohldesignte, aber dennoch konventionelle Terrassen geworden, in denen nicht die Vegetation, sondern die Cafeterias mit ihren in Stein verkleideten Flächen dominieren. Von dem ganzheitlichen Klimakonzept ist nicht mehr als die natürliche Belüftung der Büros geblieben: Die Fenster lassen sich öffnen; außenliegendes Glas schützt vor Wind und Regen; stabilisiert wird die Temperatur durch Kühldecken.

Glücklicherweise ist die Architektur aber mehr als die Summe aller Teillösungen. Hat man die Enttäuschung über die vertane Chance erst einmal verdaut, läßt sich das Hochhaus der Commerzbank trotz der vielen Unzulänglichkeiten im Detail – erfreulicherweise! – auch als ein gutes Stück Architektur erleben.

Tatsächlich hat die Stadt mit dem Bau einen neuen Bezugspunkt gewonnen, der ihr Zentrum markiert und der im gesamten Stadtgebiet spürbar ist. Im Inneren überzeugt das Erlebnis von Raum und Tragwerk. Beides, die räumliche Organisation des Ganzen und die Megastruktur, sind deutlich zu spüren. Vermittelt werden sie fast nie in der Totalen. Vielmehr sind es eine Vielzahl von Teilansichten, die die Intuition füttern, ohne jemals das Geheimnis des Ganzen zu verraten. Seltsam und spannend zugleich ist die rückwärtige Anordnung des Haupteinganges. Wenn sie überzeugt, dann nur weil die räumliche Ausbildung des Eingangsgeschosses unter Einbeziehung des Straßenraums gelungen ist. Im Foyer wecken die mächtigen Pfeiler, die großen Spannweiten und der Blick hinauf in den alle Geschosse verbindenden Schacht die Lust auf mehr. Was in den Gärten fasziniert, ist der Blick auf die Stadt, aber auch die visuelle Verbindung der Terrassen untereinander über den zentralen Luftraum. In den Büros begeistert der stützenfreie Raum, aber auch die stille Präsenz der parallel zu den Fassaden hinter Podesten verlaufenden Stahlträger. Deutlich spürt man den Bau, hier, auf 100, 200 und mehr Metern über dem Straßenniveau, als wäre er eine Erweiterung des eigenen Körpers.

Im Angesicht solcher Erlebnisse wird auch das Unfertige des Gebäudes plötzlich sympathisch. Es ist aber nicht, wie erwartet, der Klassizist Norman Foster, der einen mitreißt, sondern der Romantiker, für den Inhalt, Raum und Konstruktion vor Perfektion, Form und Material gehen. Entscheidend ist: Es ist Architektur vorhanden, erfreulicherweise genug Architektur, um an das ursprüngliche Konzept zu erinnern, um die Hoffnung am Leben zu erhalten, um zu wissen, daß es sich lohnen wird, es nochmals zu versuchen.

MANUEL CUADRA

Grundriß Eingangsgeschoß

Arbeitsplatz mit Ausblick – Skizze

Hochhaus der Commerzbank Kaiserplatz, Frankfurt am Main   **Bauherr** Commerzbank AG, Frankfurt am Main   **Architekten** Norman Foster + Partners, London   **Team** Sir Norman Foster, Spencer de Grey, Ken Shuttleworth, Mark Sutcliffe, Brandon Haw, Robin Partington, Hans Brouwer, Uwe Nienstedt, Sven Ollmann, George Brennan, Stefan Behling, John Silver, Paul Kalkhoven, Arthur Branthwaite, Chris Eisner; Christopher Allercamp, Giuseppe Boscherini, Simon Bowden, Thomas Braun, Eckhardt Burling, Kei-Lu Cheong, Charles Collett, Penny Collins, Nigel Curry, John Drew, Matthew Downing, Alex Gounaris, Nadi Jahangiri, Natalie Maguire, Nikolai Malsch, Matthias Massari, Stig Mikkelson, Logan Reilly, Michael Richter, Giles Robinson, Cormac Ryan, Thomas Scheel, Paul Scott, Mandy Bates, Kinna Stallard, Christine Tomsche, Huw Turner, Peter Unkrig, Ken Wai, Andreas Wolff, Alan Wilkinson-Marten, Louisa Williams, Michael Wurzel   **Tragwerksgestaltung** Ove Arup + Partners, London, mit Krebs + Kiefer, Darmstadt   **Haustechnik** Roger Preston, London, mit Pettersson + Ahrens, Ober-Mörlen   **Landschaftsgestaltung** Sommerlad + Partner, Gießen

Fernwirkung – die Skyline

Arbeitsplatz mit Ausblick – die Realität

Blick vom Kaiserplatz

Das Japan Center im Kontext der Gallusanlage und des Bankenviertels

(Japan Center)

ARCHITEKTEN Ganz + Rolfes

ESSAY Petra Hagen Hodgson

FOTOGRAFIEN Ivan Nemec

Konzentration auf das Wesentliche

Sie wird wohl nie abreißen, die archaische Faszination des Turmes. Wolkenkratzer, Hochhäuser – eigentlich sind es »unvernünftige« Bauwerke. Ihre Bauweise ist aufwendig und
teuer. Mehr als jedes andere Gebäude greifen sie in den bestehenden städtischen Organismus ein: maßstäblich, verkehrstechnisch, klimatechnisch, ökologisch, ökonomisch,
soziologisch. Das moderne Frankfurt aber haben sie aus der architektonischen Provinzialität
befreit. Sie haben der Stadt eine ihr ureigene, kraftvolle Gestalt verliehen, die den unter-
nehmerischen Ehrgeiz und die wirtschaftliche Kraft der kleinen Metropole am Main
symbolisiert.

Der Wettkampf um den höchsten und spektakulärsten Wolkenkratzer indes geht
in immer neue Runden und wirft stadtplanerische Leitgedanken zur Festlegung von Standorten und Höhen, Dichte und Masse immer wieder über den Haufen. Heute gilt – noch –
die 1990 im Bebauungsplan verankerte Vorstellung der Verdichtung, der zufolge die Hochhäuser zu einer Stadtkrone im Bankenviertel konzentriert werden sollen. Dem wirtschaftlichen Druck folgend, bohren sich seither die Türme immer weiter in das Herz der Innenstadt.

Wo einst das Taunustor den von Westen her kommenden Besucher begrüßte und in
die Stadt einließ, steht heute das von den Berliner Architekten Joachim Ganz und Walter
Rolfes entworfene Japan Center. Der Turm wacht über die belebte Kreuzung, die vom Grün
der Taunusanlage in die engmaschige Innenstadt führt, ähnlich – auch bildhaft – einer
Oki-gata-Laterne, die in der japanischen Architektur die Aufgabe hat, den Eingang in den
traditionellen umfriedeten Gartenhof zu weisen. Fast unbemerkt hat sich der Turm in das
laute Frankfurter Wolkenkratzer-Getöse gestellt. Dabei verdient er vor allem wegen seines
städtebaulichen Ansatzes Beachtung. Denn er behandelt auf neue, alte Weise das Thema
der Beziehung eines Hochhauses zur Stadt. Er schlägt eine sensiblere Integration des
Baukörpers in seine Umgebung vor, öffnet den Turm bewußt der Öffentlichkeit und sorgt
damit für ein Stück Stadtverträglichkeit.

Ein Mithalten beim Frankfurter Höhenwettlauf schlossen die vom Bebauungsplan
festgelegten Bedingungen von vorneherein aus. Da der japanische Investor dennoch ein
renditeträchtiges Objekt forderte, mußten die Architekten die Aufgabe anders angehen. Um
konstruktiv einen günstigen vermietbaren Flächenanteil von 75 Prozent zu erzielen, entwarfen sie ein möglichst niedriges Gebäude, einfach nur ein hohes Haus, das anstatt der
erlaubten 130 Meter nur 115 Meter in die Höhe ragt. Sie orientierten sich am traditionellen
Konzept des blockfüllenden, direkt vom Blockrand zur vollen Höhe aufsteigenden Hochhaus – ein für Frankfurt neues Konzept, denn hier walten die frei im Raum abgestellten
Scheiben, die auf einen Sockel verbannten, mehr mit der Weite des Himmels denn der Stadt
verbundenen Unikate oder der schüchtern im Baublock versteckte Turm. Den kompakten
Baukörper des Japan Centers gliederten die Architekten, wie von Louis Sullivan, dem Vater
des Wolkenkratzers vorgezeichnet, in eine auf den menschlichen Maßstab abgestimmte
Basis, einen Schaft und einen markanten oberen Abschluß. Wie Sullivans direkt an die
Straße gestellte, den Straßenraum formende Hochhäuser strahlt auch das Japan Center eine

gelassene Urbanität aus, die so manchem auf Individualität bedachten Frankfurter Solitär fehlt. Dafür sorgen auch die doppelgeschossigen, feingliedrigen Arkaden, an die sich das öffentlich zugängliche Erdgeschoß mit seiner Eingangshalle und seinen Läden anschließt. Im vorgelagerten Pavillon befinden sich ein Mehrzwecksaal, ein elegantes Restaurant und ein japanischer Steingarten, unter dem weit auskragenden pagodenartigen Dach des Hochhauses ein weiteres Restaurant mit Blick auf die Stadt.

Bei aller Bildhaftigkeit ist das Japan Center ein durch und durch rationaler Bau. Ordnendes Prinzip ist das Quadrat, gedacht als zeitlos gültige Figur, die den Bau bis ins letzte Detail bestimmt. In ihm verbindet sich westliche perspektivische Weltsicht mit dem maßstabgebenden Grundmodul der Tatami-Matte, auf der die japanische Architekturtradition fußt. Tatsächlich suchten die Architekten mit der Verschmelzung der Denkweisen beider Kulturen diesem Gebäude eine ihm ureigene Identität zu verleihen. Deshalb auch das steinerne Gewand aus quadratischen Granitplatten. Ihre Farbe und Materialität erinnert an den traditionellen roten Frankfurter Sandstein. Mit den anthrazit-silbergrauen Metallrahmen hingegen, die die Platten gemeinsam mit den tausend funkelnden, kraftvollen Bolzen zusammenhalten, deuten die Architekten die High-Tech-Tradition des modernen Japans.

Mag die eiserne Disziplin der elementhaften Addition der Quadrate auf der Fassade trotz Variationen und trotz Vermeidung einer Achsensymmetrie etwas starr wirken, so erweist sich das Quadrat im Grundriß als äußerst funktionstüchtiges, flexibles Ordnungsmuster. Um den quadratischen, innenliegenden Kern stapeln sich die eigentlichen Büroflächen als jeweils einhüftige, Rücken an Rücken gestellte, freigespannte Bürotrakte. Die kreuzförmige Gliederung des Kernbereichs erlaubt die Aufteilung jedes Geschosses in gleichwertige, in sich abgeschlossene kleinere und größere Mieteinheiten. Auf der Außenhaut werden die tiefen Großraumbüros an geschoßhohen Fenstern und die Einzelbüros an Lochfenstern erkennbar. In Anlehnung an die historische Frankfurter Bankenbauweise sind sie zu sechsgeschossigen Einheiten zusammengefaßt, die sich jeweils um 90 Grad gedreht emporschrauben. Das verleiht der Fassade ihre für Hochhäuser unkonventionelle Betonung der Horizontale und stellt einmal mehr Bezüge zur städtischen Umgebung her.

PETRA HAGEN HODGSON

Grundriß Erdgeschoß

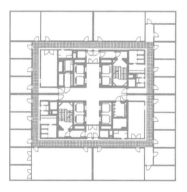

Standardbürogeschosse

Japan Center Taunustor Ecke Neue Mainzer Straße, Frankfurt am Main **Bauherr** Jowa Japan Center GmbH & Co. Frankfurt KG **Architekten** Ganz + Rolfes, Berlin / Joachim Ganz, Walter Rolfes **Projektarchitekt** Joachim Ganz **Mitarbeiter** Carlo Witte, Christian Theissen (Projektleitung), Karl-Joachim Ferber, Thomas Mazzega **Tragwerksplanung** Dr. Nötzold, Frankfurt am Main **Haustechnik** HL-Technik, Frankfurt am Main **Landschaftsarchitektur Japanischer Garten** Masuno, Yokohama

Das Japan Center und seine Nachbarn – Fassadenausschnitte

Die Arkaden

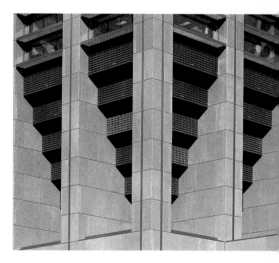

*Die Verkleidung der Technikräume –
Fassadenausschnitt*

In einem hellen Holzton sind der Baubestand, in einem dunklen Holzton sind jene Baugebiete, für die Baurecht besteht, dargestellt. Alle neuen Stadt-entwicklungsgebiete sind in der Farbe Weiß gehalten. Die Stadtteilerweiterung auf den Bahnflächen von Frankfurt 21 ist als Baustruktur zu verstehen, die eine Möglichkeit der Entwicklung zeigt. Später folgende Verfahren werden diese Gebiete genauer bestimmen.

(Frankfurt
Hochhausentwicklungsplan
2000)

ARCHITEKTEN Jourdan + Müller · PAS

MODELLFOTOGRAFIEN Christoph Kraneburg

Die urbanistische Identität Frankfurts ist geprägt durch die Skyline. Wer sich heute auf den Autobahnen in Richtung Frankfurt bewegt oder gar die Stadt im Landeanflug überblickt, erlebt die radikale Veränderung der Stadtansicht im 20. Jahrhundert. Die Hochhäuser strecken sich dem Betrachter in ihrer kristallinen Form geradezu entgegen. Sie sind als Ganzes zum Sinnbild einer wirtschaftlich potenten und räumlich äußerst konzentrierten Stadt geworden. Wenn Frankfurt am Main bewundernd als Mainhattan bezeichnet wird, dann weil sie mehr ist als nur eine Stadt, in der es neben anderen Bauten auch Hochhäuser gibt: Frankfurt ist die europäische Stadt der Hochhäuser. Tatsächlich ist es keinem anderen europäischen Zentrum gelungen, seine Silhouette so überzeugend zur Vision einer Metropole des nächsten Jahrhunderts zu überhöhen wie der Stadt am Main.

Daß die Wolkenkratzer heute nicht einzeln, sondern als Ganzes, als Skyline eben, wahrgenommen werden, ist darin begründet, daß sie relativ nah beieinander stehen und einen Brennpunkt bilden – in der Fachsprache ist von einem *cluster* die Rede. Dabei ist das Ganze mehr als die Summe der Teile. Die einzelnen Objekte verdichten sich zu komplexen, von weitem sichtbaren, zugleich den öffentlichen Raum in ihrer Umgebung prägenden Gebilden. Dabei treten manche der Gebäude durch ihre einmalige Zeichenhaftigkeit besonders in den Vordergrund; andere beschränken sich darauf, den Hintergrund zu bilden. Zurückzuführen ist die clusterartige Überhöhung der Skyline auf die Überlagerungen der unterschiedlichen Planungen für die Frankfurter Innenstadt, darunter der »Fingerplan«, der »Cityleitplan« und der »Plan für das Bankenviertel«.

Die Zukunft der Stadt der Hochhäuser liegt in der Fortschreibung eines clusterartigen Wachstums. Aus diesem Grund definiert der Hochhausentwicklungsplan Frankfurt 2000 bestimmte Gebiete, in denen die Errichtung von Hochhäusern möglich ist, und schließt andere Gebiete ausdrücklich aus. Aus demselben Grund fordert Frankfurt 2000 für die zu errichtenden Bauten eine sensible städtebauliche Einbindung und eine hochwertige architektonische Gestaltung.

Die Konzentration auf nur wenige Bereiche soll dem Ziel dienen, die Zersiedelung des Stadtraums und der Landschaft zu stoppen. Insbesondere geht es um den Erhalt und den Schutz der historischen Stadtviertel, der Wohngebiete und der innerstädtischen Grünräume. Ausgewählt wurden bestimmte Standorte wegen ihrer optimalen Anbindung an die öffentlichen Verkehrsmittel. Der Hochhausentwicklungsplan weist nach eingehender Diskussion drei Entwicklungsgebiete für neue Hochhausstandorte aus:

DAS BANKENVIERTEL Ein Standort, der seit den fünfziger Jahren besteht. Hier haben die bedeutendsten Bankinstitute der Republik ihren Sitz. Die Kontinuität der Planung ist vorrangiges Ziel. Die städtische Entwicklung Frankfurts setzt sich hier sichtbar fort.

DAS MESSEVIERTEL Dieser Standort ist im Ansatz als Entwicklungsgebiet vorhanden. Mit den Hochhausbauten des Messe-Turms, der Zwillingstürme Kastor & Pollux, dem Marriot-Plaza-Hotel und dem AFE-Turm ist ein Nukleus vorhanden. Die Brache des

Güterbahnhofes zwischen Messe und Gallusviertel erlaubt im Rahmen des Projektes »Frankfurt 21« die Entwicklung dieses Standortes.

DAS PARKVIERTEL Im Bereich des Hauptbahnhofes stehen etwa ab dem Jahr 2010 weitere Standorte zur Verfügung. Auch dieses Entwicklungsgebiet entsteht als Folge des großen Stadtentwicklungsprojektes »Frankfurt 21«. Mit dem Umbau des Hauptbahnhofes werden die westlich anschließenden Gleisgelände in Teilen überbaubar.

Die drei Hochhausentwicklungsgebiete sind individuell erarbeitet, um durch die Anschaulichkeit eine Vorstellung der Zukunft der Stadt zu geben. Mit der Schwerpunkt-bildung in drei Bereichen wird eine Ensemblewirkung von Hochhäusern im Stadtraum erreicht, die die Identitätsbildung fördert. Die neuen Hochhausbauten stehen in einem unmittelbaren Bezug zu bestehenden oder bereits geplanten Wolkenkratzern. Die neuen Hochhäuser sind als städtebauliche Zeichen zu verstehen, die erst durch Bauentwürfe nach Realisierungswettbewerben ihre endgültige Gestalt erhalten.

Folgende Kriterien sollten beim Bau von Hochhäusern vorrangig Beachtung finden:

In funktionaler Hinsicht sollten Hochhäuser als hybrider Typus konzipiert werden, das heißt, sie sollten möglichst viele unterschiedliche Nutzungen vereinen. Insbesondere sollten die Sockelgeschosse und die Turmspitze für Mischnutzungen vorgesehen werden und einen hohen Grad an öffentlicher Zugänglichkeit aufweisen. Vertikale Landschaften und Stockwerksgärten können zur Gebäudegliederung und zur Nutzungsqualität beitragen.

Nur auf der Grundlage einer Mischnutzung kommt man dem Ziel näher, dem Wohnen in den Innenstädten wieder eine Heimat zu geben. Eine ausgewogene Nutzungs-mischung fördert zudem die soziale Akzeptanz von Hochhäusern in der Bevölkerung.

Die Gebäudehöhe sollte sich grundsätzlich aus der Verschattung beziehungsweise der Besonnung der öffentlichen Räume und der städtebaulichen Einbindung in die Umgebung ergeben.

Daß die Bauten in Grundriß und Aufriß funktionale, wirtschaftliche und ästhetische Kriterien erfüllen müssen, ist selbstverständlich. Insbesondere die Konstruktionen sollten langlebig und nutzerfreundlich sein. Eine hohe ästhetische Qualität, die all dies vereint, steht für das Selbstverständnis des Bauherrn und der Stadt.

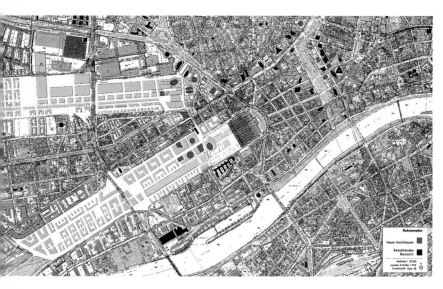

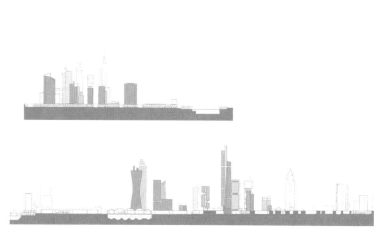

Stadtplan Frankfurt am Main mit den neuen Hochhausstandorten   *Neue Stadtansichten*

Hochhausentwicklungsplan Frankfurt 2000 **Auftraggeber** Stadt Frankfurt am Main **Architekten** Jourdan + Müller · PAS, Frankfurt am Main / Jochem Jourdan und Bernhard Müller mit Andrea Dung (1. Phase) und Felix Nowak (2. Phase) **Mitarbeiter** Dagmar Bieselt, Ute Günzel, Benjamin Jourdan, Florian Krieger, Mathias Ott, Martin Skowronek **Modellbau** Karin Kohlhaas, Christoph Kraneburg, Benjamin Künzel, John Lau, Christian Müller, Dieter Gutsche MAD **Schattendiagramme** Dr. Seitz Ökoplana, Mannheim

Die drei Hochhausentwicklungsgebiete sind individuell erarbeitet, um durch die Anschaulichkeit eine Vorstellung der Zukunft der Stadt zu geben. Die neuen Hochhäuser sind als städtebauliche Zeichen zu verstehen, die erst durch Bauentwürfe nach Realisierungswettbewerben ihre endgültige Gestalt erhalten.

(**Projekt**)

IG Metall

Hochhaus

ARCHITEKTEN Gruber + Kleine-Kraneburg

ILLUSTRATIONEN Atelier Scale

Leitthema des Entwurfes ist die ordnende und ausgleichende Einbindung der neuen Gebäudestruktur in das bestehende städtebauliche Umfeld. Das Konzept folgt dem Leitbild der europäischen Stadt und seiner neuzeitlichen Entwicklung. Im einzelnen geht es um die Schaffung von sinnfälligen Wege- und Platzbeziehungen aus dem Stadtbaukörper heraus. Wichtigster Parameter einer solchen Entwurfsphilosophie ist der menschliche Maßstab. Dies entspricht auch dem Selbstverständnis der IG Metall als einer Institution, in dessen Mittelpunkt der Mensch steht.

Die Umsetzung dieser Vorgaben wird erreicht durch die Schaffung von klaren, eindeutig definierten Räumen und Raumzusammenhängen sowohl im Äußeren als auch im Inneren des Gebäudes.

Zu den signifikantesten Bereichen gehören das Forum, das Foyer und das Atrium. Diese Räume werden durch das Hochhaus und die anhängende horizontale Ringbebauung definiert und stellen prägnante Orte von städtischem Charakter dar. Durch sie erhält die IG Metall die Chance, sich als wichtiger Bestandteil der Stadt darzustellen und sich der Gemeinschaft zu öffnen. Eine solche Öffnung nimmt durch die geschaffenen Plätze, aber auch durch die Ausbildung der Fassaden und durch ihre Materialhaftigkeit konkrete Formen an. Durch das Wechselspiel von Stahl und Stein wird nicht nur »das Fenster«, die »Öffnung« also zur Stadt, thematisiert, sondern auch ein einprägsames Erscheinungsbild geschaffen. Wichtig ist auch, daß die Architektur Beständigkeit und Dauerhaftigkeit signalisiert und damit die Kontinuität der Industriegewerkschaft verdeutlicht.

Ein solcher Anspruch läßt sich besonders an diesem Ort, in direkter Nachbarschaft zum Gewerkschaftshaus von Max Taut, allein durch eine Architektur verwirklichen, die mehr ist als eine kurzlebige Zeiterscheinung. Von Vorteil war in dieser Hinsicht, daß die IG Metall nicht den Zwängen anderer kommerzieller Bauherrn unterliegt. Von einem übertriebenen Repräsentationsbedürfnis befreit war es möglich, in Zusammenarbeit mit der Gewerkschaft Vorstellungen einer Architektur zu entwickeln und umzusetzen, die nicht nur sich selbst gerecht wird, sondern auch dem *genius loci,* und die vor allem die Erwartungen der Menschen erfüllt, für die sie geschaffen wird.

Der Platz

Ansicht von Norden

Modell

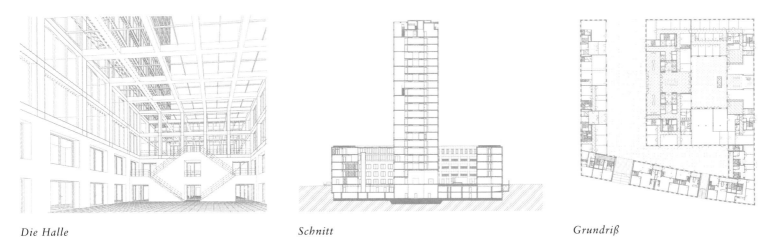

Die Halle   *Schnitt*   *Grundriß*

Projekt IG Metall-Hochhaus Wilhelm-Leuschner-Straße, Frankfurt am Main **Bauherr** Treuhandverwaltung IGEMET GmbH, Frankfurt am Main **Architekten** Gruber + Kleine-Kraneburg, Frankfurt am Main / Martin Gruber und Helmut Kleine-Kraneburg **Mitarbeiter** Henry Hess, Oliver Langer, Silvia Lau, Torsten Schlaadt, Lena Haas, Ingbert Klitsch, Bernd Reimers, Katharina Kuhlmann **Tragwerksplanung** BGS Ingenieursozietät, Frankfurt am Main

Im Alltag findet man das Motiv dieser Skulptur, den Schlips also, entweder um den Hals gebunden, im Schrank oder fein verpackt unter dem Weihnachtsbaum, weil man nicht wußte, was man dem Vater sonst schenken sollte.

Vor dem Hochhaus der DG Bank an der Mainzer Landstraße aber ist der Schlips etwas anderes: ein erkennbares, lesbares Zeichen, ein Bild, ein Anti-Denkmal, das zugleich ein Denkmal ist. Als Denkmal hat der Schlips auch einen Sockel. Es war den Künstlern Claes Oldenburg und Coosje van Bruggen aber sehr wichtig, daß mit dem Schlipsknoten auch der Schwerpunkt der Skulptur nicht mittig, sondern außerhalb des Sockels liegt: Sie wollten das Denkmal ein wenig vom Sockel stoßen.

Der Überwindung des Denkmals - eine der wichtigen selbstgestellten Aufgaben der Moderne - dient auch, daß der Schlips nicht wie Phönix aus der Asche in die Höhe steigt, sondern ganz unheroisch. Das Ding hat einfach einen Drang nach oben. Unwillkürlich schauen wir als Betrachter hoch. Dort wo der Bürger den Kopf in den Nacken wirft,

Claes Oldenburg und sein

Fotografie FRANK MARBURGER, Frankfurt am Main

um dem General, dem Dichter oder dem Landesfürsten die Referenz zu erweisen, ist von einem gütigen Landesvater oder einem Helden hier aber nichts zu sehen. Irritiert stellt man sich die Frage, wem diese Skulptur gehört, für wen sie hier überhaupt aufgestellt worden ist? Das aber führt zu einem zentralen Punkt: Hat die Kunst überhaupt ein bestimmtes Publikum? Kann der Künstler vielleicht sogar sein Publikum selbst definieren? Ist Kunst nicht vielmehr für alle da und zugleich für niemanden?

Welchen Effekt wird diese Skulptur zum Beispiel auf einen melancholischen Nachtbummler haben, der irgendwo in der Nähe des Bahnhofs noch eine Kneipe sucht und vor sich plötzlich diesen Schlips und diesen Kragen sieht? Ich denke, daß solche Momente möglicherweise die interessantesten sind.

Kasper König

»*Inverted Tie and Collar*«

Die Glasfassade

(Wohn- und Bürohaus)
Bockenheimer Landstraße

ARCHITEKTEN KSP Engel und Zimmermann

ESSAY Christof Bodenbach

FOTOGRAFIEN Stefan Schilling

Im verheißungsvollen Kleid

Superlative, wohin man schaut: Frankfurt am Main, die Stadt mit dem einst größten Kulturetat und der höchsten Pro-Kopf-Verschuldung der Republik, ist das Banken- und Dienstleistungszentrum Deutschlands, Sitz der Bundesbank und nun auch Adresse der Europäischen Zentralbank. Mitten im prosperierenden Ballungsraum Rhein-Main gelegen, beherbergt die kleine Metropole nicht nur mehr Arbeitsplätze als Einwohner, sondern auch den weitaus größten deutschen Flughafen. Die Zeiten, da Frankfurt als kalte Stadt des Geldes, bar jeglicher »Verweilqualitäten«, geschmäht wurde, sind vorbei und kehren – hoffentlich – nie wieder. »Keine Stadt in Deutschland besitzt eine vergleichbare Bandbreite kultureller Eigenschaften wie Frankfurt«, sagt Wilfried Wang, Direktor des Deutschen Architektur-Museums. Das wirkt anziehend: auf Kapital, Arbeitsplätze, Menschen. In und um Frankfurt wird seit Jahren kräftig gebaut, vor allem Büros. »Krankfurt« ade!

Natürlich gibt es auch hier, der Logik von drohenden Steuern und verlockenden Abschreibungen gehorchend, Leerstände: In außerhalb der Stadtgrenzen liegenden Speckgürtellagen wie Eschborn, in langgedienten Bürostädten wie Niederrad, in jüngeren Kreationen wie dem Mertonviertel. Doch der Wahrheitsgehalt der alten Maklerweisheit, wonach es bei der Vermarktung einer Immobilie vor allem auf drei Dinge ankommt, nämlich »die Lage, die Lage und die Lage«, wächst proportional zur Nähe zur Innenstadt. Im Schlaraffenland der Hochfinanz wird investiert und vermietet.

Ein gelungenes Beispiel für die Allianz aus Gewinnmaximierung und Architektur findet sich in der Nähe des Palmengartens, im feinen Frankfurter Westend. Hier, in bester Lage, zwischen Universität und Alter Oper, kaufte die Nord-West-Ring Grundstücksgesellschaft mbH eine Parzelle. Für die Bebauung lobte der Investor einen kleinen, eingeladenen Wettbewerb unter fünf Teilnehmern aus! KSP, bekannt für professionelles Management und mit 150 Mitarbeitern eines der großen Architekturbüros in Deutschland, gewann und durfte das – gegenüber dem Wettbewerbsentwurf leider erheblich veränderte – Ensemble bauen. In dem ursprünglich homogenen Villenviertel, das in den letzten Jahrzehnten von großmaßstäblichen Bürobauten »überlagert« wurde, entstand so ein in Gebäudeteile aufgelöster Komplex, dessen überzeugende städtebauliche Konzeption die vorhandene Mixtur widerspiegelt: Ein langgestreckter, weiß verputzter Büroriegel mit sieben Geschossen und Tiefgarage steht im rechten Winkel zur Bockenheimer Landstraße; ihm zur Seite ein ebenso hoher, gläserner Kubus, der die Gestalt der niedrigeren alten Villen »aufgreift«. An der Siesmayerstraße vervollständigten die Architekten das Ensemble und die Straßenflucht durch ein – baurechtlich gefordertes – freistehendes Wohnhaus mit ebenfalls sieben Geschossen.

Ein Weg, der beide Straßen verbindet und durch einen kleinen, beschaulichen Park führt, erschließt die Gebäude. Als »öffentlicher Raum« soll der Innenhof zur Benutzung einladen und damit ebenso zur Belebung beitragen wie die Ansiedlung einer Bar im Erdgeschoß des Glaswürfels und der inzwischen leider verworfene Laden im Wohngebäude. Dem Riegel angedockt findet sich im Pocket-Park ein dreigeschossiges Bauteil mit konkaver Fassade: Das Überbleibsel eines im Wettbewerb elliptischen Baukörpers bietet, ergänzend

Der Glaskörper zur   *Der konkave Baukörper im Garten*   *In der Dämmerung*
Bockenheimer Landstraße

zur Eingangshalle an der Bockenheimer Landstraße, ein weiteres Entree und gewährleistet so die Aufteilung der Geschoßebenen in Mietbereiche unterschiedlicher Größe.

Während der Riegel und das Wohnhaus mit ihren unterschiedlichen Fensterformaten, den kräftig dimensionierten *brise-soleils* und dem weißen Putz die Klassische Moderne zitieren, glänzt der Bürokubus allseitig mit einer ganz und gar heutigen, doppelschaligen Glasfassade, wie sie hierzulande bisher vorwiegend an Hochhäusern zu finden ist. KSP nutzten das Projekt als »bioklimatisches Erfahrungsfeld«, dessen Erkenntnisse zum Beispiel in Hochhauswettbewerbe für Frankfurt und Shanghai einflossen. Die hervorragend detaillierte, ästhetisch ansprechende Haut ist sowohl geschoß- wie achsweise getrennt, sie ermöglicht die natürliche Belüftung der Büros und übernimmt gleichzeitig Schallschutzfunktionen. Ursprünglich sollte die doppelte Glashaut das gesamte Ensemble überziehen. Daraus wurde aus finanziellen Gründen leider nichts; nur der explizit für Großraumbüros konzipierte Kubus erhielt schließlich das verheißungsvolle Kleid.

Während KSP im Entree noch einige Gestaltungskunst durchsetzen konnten, endet diese abrupt auf den unter anderem an eine große Anwaltskanzlei vermieteten Bürogeschossen des Riegels: an langen Fluren aufgereihte Zellenbüros verschenken das Potential des Gebäudes, das ein zukünftiger Mieter hoffentlich doch noch nutzt. Gemessen an der Qualität der äußeren Erscheinung wird so manches am Innenaubau, was in einem 08/15-Gebäude hingenommen würde, hier ärgerlich: die Zerstückelung des Raumes durch Gipskartonwände, die teils klobigen Fensterprofile, der insgesamt eher mäßige Ausbaustandard. Das alles ruft die alltägliche Tristesse üblicher Büroetagen ins Gedächtnis. Warum der Investor, nach Wettbewerb und all den Anstrengungen, das letzte Stück des Weges nicht mitgehen wollte, bleibt Spekulation. Aber warum meckern? Die Qualitäten des Baus liegen auf anderem Gebiet. Der Bauherr wollte eine schöne, marktgerechte Hülle, die sich flexibel teilen und vermieten läßt. Die Stadt wollte ein Gebäude, das die schöne, gewachsene Umgebung nicht vergewaltigt und vielfältige Angebote – und damit urbanes Leben – ermöglicht. Beider Wünsche wurden erfüllt.

CHRISTOF BODENBACH

Wohn- und Bürogebäude in der Bockenheimer Landstraße Siesmayerstraße / Bockenheimer Landstraße, Frankfurt am Main (Westend)   **Bauherr** Nord-West-Ring Grundstücksgesellschaft mbH & CO Bockenheimer Landstraße KG, Mainhausen   **Architekten** KSP Engel und Zimmermann Architekten BDA, Frankfurt am Main   **Mitarbeiter Planung** Werner Dindorf, Uwe Brodt, Gunther Götz, Diether Mehlo, Klaus Mühlbauer, Michaela Schwartz   **Mitarbeiter Bauleitung** Bodo von Kutzleben, Thomas Dobberstein   **Tragwerksplanung** DBT Ingenieursozietät, Frankfurt am Main

Die Dachterrasse

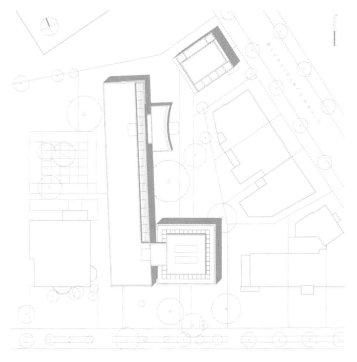

Städtebauliche Situation

(Chase Manhattan Forum)

ARCHITEKTEN AGB · Allwörden Balser Schloen

ESSAY Thomas Wolff

FOTOGRAFIEN Peter Seidel

Ein Akt des Ordnens

Für Egon Eiermann war Entwerfen immer auch »ein Akt des Ordnens«. So haben es sich die drei Architekten des Frankfurter Büros AGB ins eigene Stammbuch geschrieben. Diesem Credo folgen die Schüler des Baumeisters der Nachkriegs-Moderne bis heute. Der »freie Geist«, den sie während ihrer Ausbildung bei Eiermann atmeten; jene neue Baugesinnung, die »funktional, ehrlich, sparsam, unpathetisch« und »ohne volkstümelnde Sentimentalität« auszukommen schwor: All dies prägt die Bauten von AGB bis heute.

Freilich: Die Rahmenbedingungen im Frankfurt der späten neunziger Jahre sind gänzlich andere als damals. So gilt es, den Vorsatz formaler Reduktion mit dem weiter wachsenden Bedürfnis der Bauherren nach Prestige zu verbinden. Ein Spagat, der gelingen kann – bisweilen sogar auf elegante Weise, wie am Neubau der Chase Manhattan Bank abzulesen ist.

Einem »Akt des Ordnens« gleicht die gesamte räumliche Gliederung. Die zunächst streng wirkende Fassade, dominiert vom Ton des grauen Natursteins, macht das Ordnungs-

Ansicht

Eingangshalle

system des Bürokomplexes (dem ein rückwärtiger Wohntrakt angegliedert ist) auf augenfällige Weise deutlich. Die horizontale Entwicklung entlang der beiden Straßenseiten wird durch vertikale Elemente unterbrochen und klar rhythmisiert. Senkrechte Fensterbänder teilen die Steinfassade in größere Abschnitte; plastisch vortretende Lisenen, ebenfalls in grauem Naturstein, variieren diese Rhythmen noch einmal – wie Taktstriche, zwischen denen die Fenster wie die strikten Noten eines minimalistischen John-Cage-Stückes gesetzt sind.

Die ordnenden, dezent bildhaften Fassadenelemente sind bei AGB allerdings vor allem Ausdruck des konstruktiven Stützensystems, das sich folglich auch im Inneren des sechsgeschossigen Gebäudes deutlich abzeichnet, auf allen Ebenen. Die weiß gestrichenen Stützen – ansatzlos zwischen Boden und Decke vermittelnd, wie ja auch der gesamte Bau ohne jegliche Sockelzone aus dem Pflaster schießt – und die zentral ums Treppenhaus gruppierten Funktionsräume sind die einzigen Konstanten auf den Büroetagen. Alles weitere kann hier flexibel, somit bedarfsgerecht eingerichtet werden. Tischgruppen in »Cluster«-Ordnung oder in kleineren Raumeinheiten: Fast alles ließe sich hier einrichten. Und zwar bei natürlichem Tageslicht und mit natürlicher Belüftung, falls gewünscht.

Die Kunst der Reduktion und der sparsamen, aber effektvollen Variation weniger Elemente bestimmt auch die Baustoffe des Bankhauses. Tonangebend ist das noble Silbergrau des Tessiner Natursteins Iragna Gneis. Die straßenseitigen Fassaden sind damit verkleidet, ebenso der Fußboden im Foyer, die Treppen und sogar die Wände der Aufzüge. Der Eindruck von Solidität und hoher Wertigkeit wird durch die übrigen Materialien verstärkt: Edelstahl – mal poliert, mal leicht angeschliffen – für die Geländer und Handläufe; Kirschholz als warmer Kontrast bei den Büromöbeln und einigen Verschalungen. Kein neutraler, wohl aber ein zurückhaltender Rahmen, in den vor allem die Benutzer Farbe und Leben hineinbringen sollen.

Keine Ordnung ohne Abweichung: Einen – klar kalkulierten – Ausbruch aus dem Schema erlauben sich AGB sinnigerweise dort, wo das Gebäude am prominentesten in den Straßenraum tritt – an der Ecke. Hier befindet sich der Haupteingang (über eine Drehtür); hier tritt der Bau plötzlich hinter die eigentliche Gebäudegrenze zurück und bildet einen kleinen Vorplatz – eine einladende Geste für jeden Besucher. In den Etagen darüber ist die Ecke als gläserner Risalit ausgebildet, der sich förmlich aus der übrigen Steinverkleidung schält, für einen staunenswerten Moment wie über der Straßenecke schwebend – auch dies ein Baustein, in dem der Sinn der Spätmoderne aufs schönste aufgehoben scheint.

Fassadendetail

THOMAS WOLFF

Chase Manhattan Forum Grüneburgweg Ecke Eschersheimer Landstraße, Frankfurt am Main   **Bauherr** Delphi- und Meteora Vastgoed B.V., Rotterdam, vertreten durch die Deutsche Bau- und Bodenbank AG, Frankfurt am Main   **Architekten** Architektengemeinschaft Gerhard Balser, Frankfurt am Main / Hubertus von Allwörden, Gerhard Balser, Rolf Schloen   **Mitarbeiter** Manfred Wenzel, Stefan Burger   **Tragwerksplaner** DBT, Deutsch-Buckert-Thomas, Frankfurt am Main

(Aufstockung der Sporthalle des
Goethe-Gymnasiums)

ARCHITEKTEN Roland Burgard +
Hochbauamt der Stadt Frankfurt am Main

ESSAY Thomas Wolff

FOTOGRAFIEN Hans Georg Göllner

Im Bauch des Walfischs

Glanz und Elend der Stadtplanung liegen hier Tür an Tür. Frankfurt am Main, zwischen
Platz der Republik und Messegelände: ein Paradeplatz für aufstrebende Hochhausplaner
(zuletzt verwirklichten Kohn, Pedersen, Fox hier das elegante Turm-Ensemble Kastor &
Pollux); zugleich ein Trümmerfeld, auf dem die Bau-Ideen der vergangenen Jahrzehnte
unvermittelt nebeneinander stehen – gemeinsam dem Verfall entgegenblickend. Zerfaserte
Blockränder und wild springende Gebäudehöhen
prägen das Quartier, in dem auch das Goethe-Gym-
nasium seit 1958 seinen Platz hat. Die Turnhalle an
der Erlenstraße paßte bis dato schön ins schiefe Bild:
Der eingeschossige Bau stand beziehungslos und wie
eingekesselt zwischen dem dunklen Turm des »City-
Hochhauses« (vormals Selmi-Hochhaus), dem neohi-
storistischen Prunkbau des Polizeipräsidiums und den
fünfstöckigen Wohnhäusern der Nachkriegszeit. All
dies galt es beim fälligen Erweiterungsbau 1992/93 zu
bedenken.

Die Lüftungsklappen

Nun kann eine Sporthalle kaum städtebauliche
Bruchstellen solchen Ausmaßes kitten (die ja auch
gewisse Symbolkraft besitzen). Doch ist es hier auf
elegante Weise gelungen, mit dem Erweiterungsbau
sowohl einen spielerisch anmutenden Akzent zu setzen
als auch Verbindungen zum Altbestand zu stiften.

Prägnanz erhielt der Bau vor allem durch die
unkonventionelle Art der Aufstockung. Die zweite
Halle wurde auf einem eigenen Stützensystem aufgeständert, wodurch die Vorgängerhalle
während des Umbaus in Betrieb bleiben konnte. Der so entstandene Komplex fügt sich nun
maßstäblich den angrenzenden Wohnhäusern an. Die luftige Stützenkonstruktion, in Verbindung mit einer markant profilierten Aluminium-Wellblechfassade im oberen Stockwerk,
läßt den Bau zugleich als eigensinnig und heiter erscheinen. Umgeben von Lochfassaden
und Stahlskelettbauten verströmt er eher den Charme des Provisorischen: Assoziationen
an einen Bauwagen, einen Container oder ein Mobile Home sind kaum zufällig. Auf ihren
acht schlanken Stützenpaaren (an der Fassade sichtbar) scheint die Alukiste förmlich über
den Dingen zu stehen, bereit zum Sprung.

Die konstruktive Klarheit setzt sich im Inneren fort. Das Pfosten-Riegel-System ist
deutlich ablesbar. Unverhüllt auch die Unterzüge der innenliegenden, einläufigen Treppe,
die als weißes Zickzackband den lichten Raum des Treppenhauses durchzieht. Die Hallen
selbst atmen ebenfalls Licht und Luft. Statt Glasbausteinen (wie vormals im Altbau) spenden
nun Fensterbänder mit schmalen Metallprofilen natürliches Tageslicht. Weiß und tauben-
blau gestrichener Putz sowie eine halbhohe Wandverschalung aus Fichtenholz unterstützen

Blick vom Pausenhof auf die Sporthalle

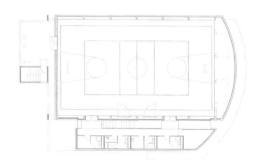

Grundriß

die großzügige Gesamtwirkung – wenngleich der formalen Geschlossenheit leider einige funktionale Mängel gegenüberstehen.

In ästhetischer Hinsicht jedoch wirkt der Bau konsequent durchgebildet – von der Großform bis zu aufmerksam behandelten, atmosphärisch wirksamen Details. Immer wieder bricht der Bau leicht aus dem rechtwinkligen Gestaltungsraster aus, vermitteln Kurven, Kreissegmente, Wellenlinien eine Vorstellung von Dynamik und Beschwingtheit – die dem Gedanken einer Sporthalle bestens entsprechen. Vom asymmetrischen Grundriß über die Wellenprofile der Fassade bis unter das Dach wird das Motiv mit leichter Hand variiert: Wie das Skelett eines Walfisches überwölben die weißen, weitgespannten Stahlbinder die obere Halle – zugleich ein Sinnbild für die Feingliedrigkeit und Verletzlichkeit der schönen Konstruktion.

So ist an dieser Problemzone der Innenstadt ein unverwechselbarer Ort entstanden, an dem sich eine neue Identifikation mit dem Gebauten entwickeln kann.

THOMAS WOLFF

Aufstockung der Sporthalle des Goethe-Gymnasiums Friedrich-Ebert-Anlage Ecke Erlenstraße, Frankfurt am Main   **Bauherr** Der Magistrat der Stadt Frankfurt am Main, Stadtschulamt   **Architekten** Roland Burgard + Hochbauamt der Stadt Frankfurt am Main   **Mitarbeiter** Ulrich Kuhlendahl, Uli Bogenstätter, Chistoph Mohn   **Statik** Ingenieurbüro Stroh und Ernst, Frankfurt am Main

(**Projekt**)

Skylight

ARCHITEKTEN Richard Rogers Partnership

COMPUTERSIMULATIONEN Aldinger + Wolf

Die Frankfurter Skyline, vom DeTe-Skylight-Hochhaus aus betrachtet

Für die Findung eines architektonischen Konzeptes war die Auseinandersetzung mit dem städtebaulichen Kontext und den speziellen Gegebenheiten des Grundstückes von zentraler Bedeutung.

Das Baugelände liegt unweit der Zeil und des Eschenheimer Tors gleich an den historischen Wallanlagen, die als deutlich ablesbarer Grüngürtel die Frankfurter Altstadt umfassen. Begrenzt wird das Grundstück von zwei Hauptstraßen, nämlich im Norden von der stark befahrenen Bleichstraße und im Süden von der Stephanstraße. Nach Osten liegt die Brönnerstraße, deren Charakter durch die Wohnbebauung geprägt wird, nach Westen die Katzenpforte, die – bedingt durch den Höhenunterschied zwischen der Stephanstraße und der Bleichstraße – als Sackgasse endet. Eingebunden ist das Areal in eine Mischbebauung aus Bürogebäuden, Läden und Appartementhäusern. Der Turm der Peterskirche und die Hochhäuser an der Bleichstraße setzen die Höhenakzente der Umgebung.

Das Raumprogramm sieht eine Mischnutzung aus Büros, Restaurants, Geschäften und Wohnungen vor. Die Bruttogeschoßfläche beträgt etwa 46.000 Quadratmeter, von denen ungefähr 18.500 Quadratmeter auf Büros, 9.000 Quadratmeter auf Wohnungen, 3.500 Quadratmeter auf Restaurants, Fitneßräume und Läden sowie 15.000 Quadratmeter auf die zweigeschossige Tiefgarage entfallen. Der Wohnanteil wird damit annähernd 28 Prozent betragen. Untergebracht werden sollen alle Nutzungen in einem in der Mitte des trapezförmigen Grundstückes plazierten, im Grundriß E-förmigen Komplex. Die Baumassen sind so angeordnet, daß in Richtung Zeil eine Piazza entsteht. Nach Norden wird dieser Platz von einem Wohnturm gefaßt, der einen Akzent setzt und im Dialog mit den Hochhäusern an der Bleichstraße steht. Zwei Doppelhausgruppen – die sogenannten »Stadthäuser« – im Osten verstärken den Wohncharakter der Brönnerstraße. Die Dimension der Bürotrakte orientiert sich am Maßstab der Umgebung, die maximale Höhe der Wohngebäude an der Trauflinie der bestehenden Wohnbauten. Die Höhenstaffelung sämtlicher Baukörper reagiert auf die Höhendifferenzen innerhalb des Geländes.

Blick auf das Hochhaus und den Büroblock   *Der Blick hinauf*

Im Brennpunkt des Projektes steht die Piazza. Einerseits dient sie der
Integration des Gebäudekomplexes in das städtische Netzwerk an der
Katzenpforte, andererseits bietet sie den Restaurants und Bars im Erdgeschoß eine Expansionsfläche, die zum Verweilen einlädt. Die Stimmung
in den beiden nahezu vollständig umschlossenen, halbprivaten Innenhöfen
zwischen den Bürotrakten wird durch die gläsernen Wintergärten der
Restaurants im Erdgeschoß und die nach Westen ansteigenden, begrünten
Terrassen geprägt. Die Eingänge zu den Doppelhausgruppen an der Brönnerstraße haben dagegen wie auch die den Wohnungen vorgelagerten Terrassen
einen rein privaten Charakter.

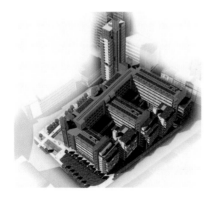

*Der E-förmige Baukörper
und das Hochhaus, aus der Luft*

*Grundriß eines Standardgeschosses
mit den flexiblen Büroflächen*

Projekt Skylight Stephanstraße / Bleichstraße / Brönnerstraße / Katzenpforte, Frankfurt am Main   **Bauherr** DeTe Immobilien, Frankfurt am Main   **Architekten** Richard Rogers Partnership,
London   **Projektarchitekt** Stephen Spence-Al Ani   **Mitarbeiter** Torsten Burkhardt (Koordination), John Lowe (Büros), Jasmin Al-Ani Spence (Wohnen)   **Tragwerksplaner** Krebs + Kiefer,
Darmstadt   **Landschaftsplaner** Biebertaler Planungsgruppe Landschaftsarchitekten Kehm, Kerl + Siegenrücker, Biebertal   **Technische Ausrüstung** HL-Technik AG, Frankfurt am Main

(Projekt)

Büros und Wohnungen
Bockenheimer Landstraße

ARCHITEKT Jo. Franzke

ILLUSTRATIONEN Christoph Czarniak

Es gab vielfältige Gründe für die Entscheidung, das von der Bank Salomon
Oppenheimer genutzte Bürogebäude im noblen Westend durch einen Neubau
zu ersetzen. Ausschlaggebend war aber in erster Linie, daß der aus den
sechziger Jahren stammende und damit gar nicht so alte Bau den Ansprüchen
einer Bank an Repräsentativität und Funktionalität ihrer zentralen
Niederlassung nicht mehr gerecht werden konnte.

Um die Investition in einen Neubau zu rechtfertigen, mußte jedoch
zumindest der zur breiten Bockenheimer Landstraße ausgerichtete Bereich
des Grundstücks eine intensive Ausnutzung erfahren. Angesichts des
großen Maßstabs der benachbarten Hochhäuser der BHF-Bank von Sep Ruf und
der Hochtief AG von Egon Eiermann aus den sechziger und frühen siebziger
Jahren erschien eine hohe bauliche und räumliche Dichte an genau dieser
Stelle aber auch in städtebaulicher Hinsicht richtig.

Im rückwärtigen Bereich des Grundstückes entlang der Seitenstraßen
Unterlindau und Oberlindau wurde dagegen eine Wohnbebauung vorgeschlagen.
Hier bot sich als Leitmotiv die Wiederherstellung der ursprünglichen
Qualitäten des Westends mit seinen gründerzeitlichen Villen an. Eine
optimale bauliche Verdichtung setzte in einer Situation wie dieser aber
ein harmonisches Miteinander der auf dem Grundstück vorhandenen Bauten –
in diesem Fall ging es um drei denkmalgeschützte Villen – und der neu
entstehenden Gebäuden voraus. Der gewünschte Gleichklang von Alt und Neu
ließ sich problemlos durch eine Architekturauffassung erzielen, für
die Alt und Neu genauso wenig als gegensätzliche Pole zu verstehen sind
wie Tradition und Modernität oder auch die Materialien, die für diese
Begriffe stehen, nämlich Stein und Glas. Zu dem Konzept einer behutsamen
Einbindung in die Umgebung gehörte aber auch die intensive Begrünung des

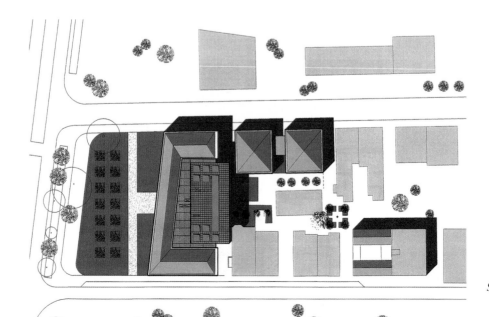

Städtebauliche Situation

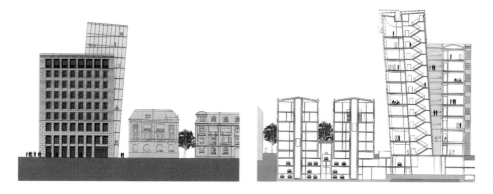

Ansicht   *Schnitt*

weiten Vorplatzes zur Bockenheimer Landstraße hin und der Gärten im
Blockinneren. Bei der Gestaltung dieser Flächen wurde jedoch berücksich-
tigt, daß innerstädtisches Grün im Unterschied zu natürlichem Grün stets
nach Plan entsteht und raumbildende Aufgaben zu übernehmen hat.
Im einzelnen sieht das Projekt die Errichtung eines kompakten Baukörpers
an der Bockenheimer Landstraße vor, der aus einer im Grundriß trapezförmigen, massiven Blockrandbebauung und einem schräg aus dieser
herausragenden, gläsernen Hochhaus besteht. Die Neigung des Hochhauses
ermöglicht dabei die natürliche Belichtung der zentralen Bereiche des
dreispännigen Sockelbaus über einen Luftraum, der in der Eingangshalle
beginnt und sich über die gesamte Höhe des Gebäudes fortsetzt. Das
Erdgeschoß bietet die Möglichkeit einer Nutzung dieser Halle als öffentliche Passage mit Läden und einem Restaurant. Die Geschosse lassen sich
ebenso in kleinere wie in größere Bereiche aufteilen. Im hinteren Teil
des Grundstücks beinhaltet das Projekt den Abriß des Parkdecks sowie die
Entsiegelung der vorher als Parkplatz genutzten Flächen. Auf den frei
werdenden Parzellen und einer kriegsbedingten Baulücke entstehen drei
fünfgeschossige Wohnhäuser. Die Proportionen und Materialwahl der Wohnhäuser orientieren sich an den denkmalgeschützten Gebäuden der Umgebung.

Perspektive

Projekt Büros und Wohnungen an der Bockenheimer Landstraße Bockenheimer Landstraße / Oberlindau / Unterlindau, Frankfurt am Main (Westend) **Bauherr** Colonia
Nordstern Immobilien GmbH, Köln **Architekt** Jo. Franzke, Frankfurt am Main **Mitarbeiter** Piotr Olejnik **Landschaftsgestalter** Dr. Bernhard Korte, Düsseldorf **Haustechnik**
Pettersson + Ahrens, Ober-Mörlen **Tragwerksplanung** Pirlet + Partner, Köln

»GESTEN GEGEN DIE FALSCHE VERSÖHNUNG«

Bekanntlich fallen in Frankfurt hin und wieder Schüsse. Die Mehrzahl der Treffer konzentriert sich eindeutig im Bahnhofsviertel. Museen und andere Bildungsinstitute gerieten
bislang nicht unter Feuer. Jedenfalls nicht bis September 1991.
Am frühen Morgen des 12.9.1991 sperrten Polizeikräfte die Passage zwischen Niko-
laikirche und Historischem Museum hermetisch ab, ein uniformierter Präzisions-
schütze legte an, zielte und zog zweimal kurz nacheinander durch. Seither
sitzen in der Glasfront des Museums zwei Einschußlöcher in genau berechne-
tem Abstand voneinander und exakt auf Kopfhöhe. Wer sich hinter eine der
Scheiben stellt (der Bereich ist öffentlich zugänglich), kann sich für
Augenblicke recht intensiv vorstellen, daß die horizontale Schußbahn
mitten durch die eigene Stirn hätte verlaufen können, bevor das Pro-
jektil im rechten Winkel auf die rückwärtige Wand aufschlug. Eine Vorstellung, die vorübergehend ein durchaus intensives Existenzgefühl
vermittelt: Dergleichen Schußbahnen ziehen auf diesem Globus unent-
wegt kurzlebige Kurven und Linien durch den leeren Raum und kreuzen
dabei häufig bewegliche Ziele. Die Partitur zu dieser Aktion hat Ottmar
Hörl verfaßt, ein Bildhauer und Fotokünstler, der - rein privat - ein
Mensch von entwaffnender Antimilitanz ist; seine künstlerischen Konzepte enthalten aber immer wieder gewaltförmige Elemente. Bekannt sind seine
Fotosequenzen, für die er vollautomatische Kameras von Hochhäusern oder
aus Sportflugzeugen geworfen hat: Im freien Fall vermaß der Apparat,
absichtslos und frei von jeder subjektiven Auswahl und Entscheidung, den Raum,
Bild für Bild, bis zum Aufprall. Es sind fotografische Bilder, die selbstredend
auch von einer fernen Todessymbolik berührt wurden. Kein menschlicher Blick hat
diese optische Bestandsaufnahme vorstrukturiert - sie ist schiere Objektivität, also
ziellos und sinnlos. Die beiden Schüsse im Morgengrauen haben den Raum hingegen gezielt
strukturiert (wenn solche abstrakten Überlegungen für einen Moment gestattet sein sollen):
Zwei parallele Bahnen von höchster Energie zielten mit 90° auf Glas und Wand - sie waren

Fotografie WOLFGANG GÜNZEL, Offenbach am Main

VON OTTMAR HÖRL

real und körperlich existent, wenn auch nur für Sekundenbruchteile, um dann sofort nur noch gedachte Linien zu sein. Das ist in etwa die Lesart, die Hörl selbst favorisiert. Es gibt eine andere, die mehr die politische Metaphorik als die formalen Aspekte in den Vordergrund rückt - und sie erscheint unmittelbar plausibel. Zwei Schüsse in Kopfhöhe auf die Vorderfront eines Museums sind ein ebenso entschiedener wie koketter Kommentar zu dem Ansinnen, »Kunst im öffentlichen Raum« abzuliefern - sie sind Einwilligung und Verweigerung zugleich. Und sie sind letzte Worte (sprachlos, aber deutlich) über eine Politik, die die Kunst der Gegenwart vorrangig als Faktor der Umwegrentabilität für das Image des Dienstleistungsstandortes kalkuliert, um dann die Plätze und Parks der Städte fast ausnahmslos mit mediokren, gleichwohl materialaufwendigen wie kostenträchtigen künstlerischen Produkten zu dekorieren wie eine gute Stube mit allerlei Nippes. Allein derlei Kunst hat sich bislang als mehrheitsfähig erwiesen. Zwei Schüsse in Kopfhöhe stellen also einen durchaus angemessenen Kommentar auf diesen kulturpolitischen Sachverhalt dar. Sie waren, nebenbei bemerkt, sowohl kostengünstig als auch äußerst sparsam im Materialverbrauch.

Manfred E. Schuchmann

[Katholischer Kirchenladen
Liebfrauenberg]

ARCHITEKTEN Kissler + Effgen

ESSAY Dieter Bartetzko

FOTOGRAFIEN Thomas Ott

Die verdammte Ausnahme

Das Tragwerk – Isometrie

Wer Berlins Mitte betrachtet, sieht ein Heer von Kränen. In Frankfurts Kern verstellen Hochhäuser den Blick auf eine zwar kleinere, aber nicht minder emsige Kränesammlung. Die wieder werdende Hauptstadt mag die größte Baustelle Europas sein, dessen wirrste aber ist Frankfurt. Sie erlebt nach dem Wiederaufbau und dem Totalumbau der siebziger Jahre derzeit ihre dritte Zerstörung durch Bauwut.

Was so erschreckend und ungewohnt wirkt, hat Tradition: Schon Goethes zwiespältiges Verhältnis zu Frankfurt bezog auch die Architektur ein. Die Straßendurchbrüche, mit denen seit der Mitte des neunzehnten Jahrhunderts Städteplaner dem mittelalterlichen Gewirr der Frankfurter Innenstadt zu Leibe rückten, hätten womöglich den Beifall des Klassizisten Goethe gefunden. Eine der ersten Maßnahmen war ein Durchbruch am Liebfrauenberg, einem Ensemble von Renaissancehäusern, das eine Barockfontäne umstand. Die beiderseits der weiten Lücke klaffenden Abrißstellen schloß man mit neobarocken Fassadenkulissen. Schon in den asketischen Tagen des »Neuen Frankfurt« hatte man 1926 eines der beiden Blendwerke abgerissen. Das zweite, an der Westwand der spätgotischen Liebfrauenkirche haftend, wurde beim Wiederaufbau des im Krieg schwer beschädigten Gotteshauses beseitigt. Später kaschierte eine Reihe von Telefonzellen die Kahlstelle.

Unbeachtet im urbanen Betrieb war vor einigen Monaten dort eine Baustelle eingerichtet worden. Nun sind die Zäune beseitigt und haben eine architektonische Miniatur freigegeben. Sie ist mit einem Blick erfaßt und doch, selbst nach mehrmaligem Betrachten, in ihrer Qualität nicht völlig zu erfassen: Dem spontanen Eindruck bietet sich ein stählernes Zeltgebilde, fragil zusammengestellt aus stangenartigen schlanken Trägern und einem trapezoiden geneigten Flachdach, das wechselnd wie ein beschwingtes Segel und ein geschärfter Keil wirkt. Glas, weder eisig türkis noch rostig braun getönt, sondern wider alles heute Übliche transparent, bildet die Wände. Das Ganze erhebt sich auf einem leichtfüßigen Podest, ist innen als Informationspavillon der katholischen Kirchen und Klöster Frankfurts schlicht-freundlich eingerichtet; helles Holz, ein Terrazzoboden. Eine Schwachstelle bildet einzig der rosarote, sich dem Rotsandstein der Kirche anbiedernde Anstrich der Träger.

En passant ist so ein Bauwerk entstanden, das Werner Hegemanns berühmtes Verdikt von den modernen »Nomadenzelten aus Stahl und Beton« (1929) bestätigt und zugleich dessen pejorative Suggestion auflöst – so elegant ist das Improvisationsvermögen und Improvisationswollen zeitgemäßer Architektur, ist einfühlsames und doch eigenständiges Bauen im Bestand lange nicht mehr verwirklicht worden.

Dazu gehört die Gelassenheit, mit der das Stahlzelt dem öffentlichen Raum und den umgebenden Bauten eingepaßt ist. Seine Straßenfront folgt diskret den einstigen Fluchtlinien und macht aus einer willkürlichen Folge von Vor- und Rücksprüngen wieder einen Straßenraum. Zum Liebfrauenberg hin gleitet der Neubau geschmeidig auf die Eckquader der Kirche zu, ihr und ihrem angrenzenden Portal Vorrang einräumend. Die Nordseite des Pavillons dagegen bildet einen intimen Platz. Seit einigen Jahren ist dort ein Wandbrunnen angebracht. Eine Skulptur oder ein anderer gestalterischer Eingriff könnten ihn vervollkommnen.

Der Glücksfall des Pavillons widerlegt Goethes unwirsches Urteil nicht: Zufall und Willkür Frankfurts feiern im Gegenteil nach den moderaten Jahren postmoderner Anpassungswilligkeit und städtebaulicher finanzieller Sicherheit Urständ. Mit einem Feuereifer, der die Verheerungslust der Gründerjahre wiederholt, wird derzeit Frankfurts Innenstadt um und um gebaut. Doch die Denkmalpflege – die allerdings seit Jahren schlafkrank zu sein scheint – für verantwortlich zu erklären wäre verfehlt. Zufall und Willkür heißen in Frankfurt: Hausse und Baisse, Investor und kommunale Geldnot. Wo banale Investorenarchitektur Überlebenschancen im internationalen scharfen Wettbewerb der Dienstleistungsstandorte verspricht, wo Steuereinnahmen gegen Restaurierungskosten stehen, haben Bauästhetik oder gar Denkmalschutz das Nachsehen. Und auch das einfühlsame Bauen im Bestand, wie es der Pavillon vor der Liebfrauenkirche so bestechend vorführt, ist zur Ausnahme verdammt.

DIETER BARTETZKO

Stein und Putz, Stahl und Glas – Alt und Neu *Der Kirchenladen in seiner Umgebung* *Der Innenraum*

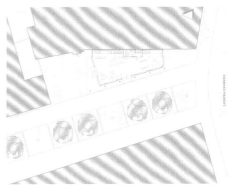

Städtebauliche Situation

Katholischer Kirchenladen Liebfrauenberg, Frankfurt am Main **Bauherr** Gesamtverband der katholischen Kirchengemeinden Frankfurt **Architekten** Kissler + Effgen, Wiesbaden / Roland Effgen und Hans-Peter Kissler

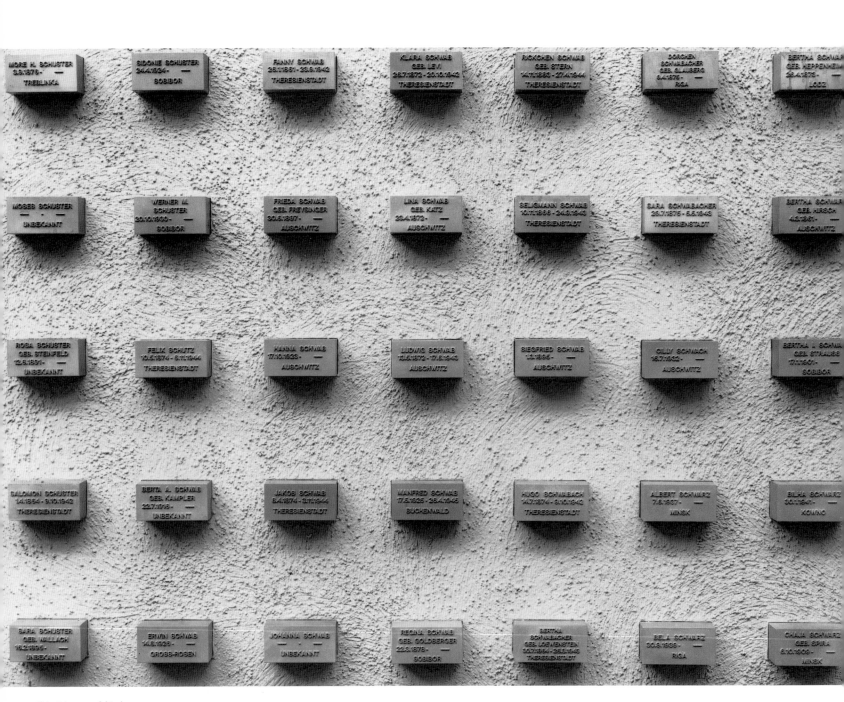

Die Namensblöcke

(Gedenkstätte Neuer Börneplatz)

ARCHITEKTEN Nikolaus Hirsch, Wolfgang Lorch, Andrea Wandel

ESSAY Kasper König

FOTOGRAFIEN Norbert Miguletz

Judenmarkt / Börneplatz / Dominikanerplatz / Börneplatz / Neuer Börneplatz

Es ist Nikolaus Hirsch, Wolfgang Lorch und Andrea Wandel gelungen, dem Mahnmal »Neuer Börneplatz« so Gestalt zu geben, daß der einzelne angesprochen wird: der Passant auf dem Weg zur Arbeit ebenso wie der Besucher des Alten Jüdischen Friedhofs im Innern des Neuen Börneplatzes. Die Hinwendung zu dem besonderen Ort und den untrennbar mit ihm verbundenen traumatischen Kapiteln seiner Geschichte charakterisiert das Mahnmal auf eindrückliche Weise. Es macht aus dem Platz einen Ort gegen das Vergessen und für die Erinnerung an die jüdischen Bürgerinnen und Bürger Frankfurts, die während der Nazi-Zeit umgebracht wurden. Hier ist eine sehr konkrete Aussage ablesbar, die untrennbar mit unserer Geschichte im allgemeinen und der unserer Stadt im besonderen verbunden ist.

Am »Ort Börneplatz« erinnert fast nichts mehr daran, daß sich hier über Jahrhunderte hinweg das Zentrum jüdischen Lebens in Frankfurt am Main befand. Der Judenmarkt, die Synagogen, die Judengasse, aus der die Familie Rothschild ebenso wie der Namensgeber des Platzes, der Schriftsteller Ludwig Börne stammten, sind verschwunden. Zerstörung und Verdrängung, durchaus im räumlichen Sinn, ließen einzig den Alten Jüdischen Friedhof zurück.

Da der Neue Börneplatz vom Stadtraum weithin abgekoppelt ist, beschlossen die Architekten entgegen den Wettbewerbsvorgaben, den Friedhof in das Zentrum der Gedenkstätte zu rücken: über 11.000 Einzelblöcke mit den Namen der Frankfurter Juden, die zwischen 1933 und 1945 ermordet oder in den Tod getrieben wurden, sind in die Außenseite der Friedhofsmauer eingelassen. Auf den um der Auffindbarkeit willen alphabetisch angeordneten Namensblöcken stehen Namen, Geburts- und Todesdatum sowie der Deportationsort. Die Namen sind nicht vereinheitlicht in einem großen Objekt, sondern individualisiert durch einzelne Stahlblöcke, die jeweils vier Zentimeter hervorstehen, so daß es gemäß dem jüdischen Brauch möglich ist, einen Stein zur Erinnerung abzulegen.

Darüber hinaus bildet die insgesamt 300 Meter lange Friedhofsmauer mit den Namensblöcken einen Weg, der die Gedenkstätte mit dem Stadtraum verknüpft. Die Gedenkstätte wird damit nicht isoliert, gewissermaßen für eine Trauer nach Protokoll, sondern in den städtischen Alltag eingebunden. Die Friedhofsmauer wurde zur Grenze zwischen denen, die im Friedhof beerdigt sind, und jenen, die kein Grab gefunden haben. Hinter der mit Altbauten gesäumten Battonstraße mit Autoverkehr und Passanten auf der Außenseite liegt ein stiller, strenger, fast verboten wirkender Garten auf der Rechneigrabenstraße mit Nachkriegs-Behördenbauten. Das seitlich flankierende Verwaltungsgebäude der Stadtwerke und dessen Baugeschichte ist auch eng mit der jüngsten Geschichte Frankfurts verbunden. Als Neu-Frankfurter erinnere ich mich an die Bürgerbesetzung der Fundstelle des alten Ghettos im Jahr 1987. Durch den Aushub für den Neubau kamen damals dessen archäologische Überreste zu Tage, und man wollte den Bauvorgang unterbrechen und verhindern.

Bei den damaligen Ausgrabungen wurden viele Steine der Judengasse gefunden, die jedoch bei der archäologischen Rekonstruktion im Museum Judengasse nicht benötigt wurden. Aus dem bestehenden Material der Fenstergesimse, der Treppenstufen und Mauersteine wurde der Kubus – als Form bewußter Ordnung – wie in einem Hochregal zusammengefügt. Dieser Kubus wird umgeben von einem Platanenhain, der in einigen Jahren dem Besucher vom Frühjahr bis zum späten Herbst ein grünes Dach bieten wird.

Die fünf Straßenschilder funktionieren wie eine Legende und wecken das Interesse für die überaus komplexe Geschichte des Ortes und begründen die jetzige Benennung des Platzes, obwohl dieser auch ein namenloser sein könnte.

Wer am Börneplatz oder an anderen Gedenkstätten gestalterisch agiert, steht in der Gefahr, einem autoritären Konzept des Architektonischen zu verfallen, wie es das griechische *arche* nahelegt: als beherrschendes Prinzip, selbstbegründend und autonom. Dieses Konzept führt zur Überwältigung des Ortes: Das Architektonische konstruiert sich auf einer leeren, weißen Fläche, an einem Ort ohne Zeit, der jede Art von Tradition oder Alltag nur als Störung empfinden kann. Dagegen bezeichnet die Gestaltung von Nikolaus Hirsch, Wolfgang Lorch und Andrea Wandel möglicherweise den Bereich zwischen dem Möglichen (dem, was man gerade noch sagen kann) und dem Gegebenen (dem Material des Ortes). So verstanden liegen Entwurf und Ausführung zwischen der Figur des Architekten und jener des Bricoleurs, der mit den Resten arbeitet. Dies ist eine Praxis, die uns aus der zeitgenössischen Kunst vertraut ist. Hier wurde kein Platz besetzt, sondern in der Frankfurter Innenstadt ein Raum geschaffen, der physisch wie mental sowohl Trauer ermöglicht als auch Zukunft aufzeigt.

KASPER KÖNIG

Städtebauliche Situation

Gedenkstätte Neuer Börneplatz Neuer Börneplatz, Frankfurt am Main   **Bauherr** Stadt Frankfurt am Main   **Architekten** Nikolaus Hirsch, Wolfgang Lorch und Andrea Wandel, Frankfurt am Main und Saarbrücken

Die Mauer mit den Namensblöcken

Der Boden

Der Würfel mit den Steinen der Judengasse

(Projekt)

Büros und Wohnungen im
Westend

ARCHITEKT Jo. Franzke

ILLUSTRATIONEN Stefan Dobrowolski

Die ursprüngliche Entwurfsaufgabe lautete: Umbau und Renovierung eines
Bürogebäudes aus den frühen sechziger Jahren im Frankfurter Westend
mit dem Ziel, die für seine Entstehungszeit typischen Nachteile - unbefriedigende Einbindung in die gründerzeitliche Umgebung und niedrige
Geschoßhöhen sowie minderwertige Materialien beim Ausbau - zu beheben und
eine Arbeitsstätte zu schaffen, die heutigen Ansprüchen genügt.
Die Beschäftigung mit dem bestehenden Bau bestätigte sehr bald, wie sehr
er die historische Blockstruktur und die Maßstäblichkeit des Quartiers
verletzte. Im einzelnen erwies sich mangelnde Rücksichtnahme auf die
angrenzenden Bauten als genauso nachteilig wie die Bebauung des Innenhofs
mit einer Aula und einem Parkdeck und die Benutzung der alten Gärten und
Höfe als Parkplatz. Zugleich wiesen die Vorstudien aber auch auf das
bislang weitgehend ungenutzte Potential des insgesamt relativ gering ver-
dichteten Blocks zwischen der Mendelssohnstraße, dem Kettenhofweg, der
Feuerbachstraße und der Beethovenstraße hin.
Die Erweiterung der Entwurfsaufgabe durch Zusammenlegung mehrerer Parzellen eröffnete hier die Möglichkeit einer Bereinigung, kohärenten Neuge-
staltung und optimalen Verdichtung des Blockinneren. Von städtebaulicher
Bedeutung war aber auch die Wiederherstellung der ursprünglichen Qualitäten zur Straße hin.
In seiner endgültigen Fassung sieht das Projekt neben dem Umbau, der
Aufstockung durch ein Staffelgeschoß und der Renovierung der Bürobauten
an der Beethovenstraße und der Bettinastraße im Blockinneren die
Realisierung von drei freistehenden, weitgehend transparenten, den Durch-
zug mit Frischluft nicht behindernden viereinhalbgeschossigen Garten-
häusern mit Wohnungen und Büros, die Unterbringung sämtlicher Stellplätze
in einer Tiefgarage, die weitgehende Entsiegelung des Bodens und die
Schaffung einer großzügigen Gartenlandschaft vor.

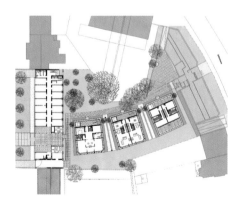

Städtebauliche Situation

Projekt Wohn- und Bürohäuser im Westend Beethovenstraße und Bettinastraße, Frankfurt am Main (Westend) **Bauherr** DEGI Deutsche Gesellschaft für Immobilienfonds mbH, Frankfurt am Main **Architekt** Jo. Franzke, Frankfurt am Main **Mitarbeiter** Stefan Seitz, Stefanie Platte, Jens Altmann **Landschaftsgestalter** Dr. Bernhard Korte, Düsseldorf; Biebertaler Planungsgruppe, Biebertal **Haustechnik** Pettersson + Ahrens, Ober-Mörlen **Tragwerksplanung** Lorenzo + Röder, Frankfurt am Main

Ansicht zur Beethovenstraße

Um das Gefüge der gründerzeitlichen Umgebung nicht zu stören, nimmt der gläserne Hauptteil des Bürohauses an der Beethovenstraße die Traufhöhe der benachbarten Häuser auf und betont die Horizontalität durch eine leichte geschoßweise Auswärtsneigung der Glasfassade, während der höhere massive Rahmen mit dem Staffelgeschoß deutlich zurückspringt. Im Inneren werden sämtliche Einbauten, sonstige nichttragenden Elemente und die abgehängten Decken aus den sechziger Jahren beseitigt. Das neue Beleuchtungssystem arbeitet mit indirekt direktem Licht und erfordert keinerlei Einbauten. Decken und Böden können dadurch frei von Installationen gehalten werden. Die Büroräume besitzen nun eine geschoßhohe Verglasung und können auch in dieser Hinsicht weitgehend frei eingerichtet werden. Um die gewünschte Transparenz herzustellen, wurden die Gartenhäuser als feingliedrige Stahlbeton-Skelettkonstruktionen mit Flachdecken und aussteifenden Wandscheiben konzipiert. Die geschoßhohe Glasfassade wurde mit einer zweiten Haut aus vertikalten Sicht- und Blendschutzläden aus Aluminium ausgestattet. Eine solche Lösung läßt absolute Offenheit zu, bietet jedoch auch die Möglichkeit, sich bei Bedarf vor unerwünschten Einblicken zu schützen.

Die Wohnhäuser im Blockinneren

Cafeteria im
Städel

ARCHITEKTEN Jourdan + Müller · PAS

MODELLFOTOGRAFIEN Felix Jourdan

Das in den siebziger Jahren des neunzehnten Jahrhunderts durch den
Architekten Oskar Sommer im Sinne der Neorenaissance realisierte, nach
den Zerstörungen des Krieges durch Johannes Krahn wiederaufgebaute und
mit modernen Eckpavillons ausgestattete Museumsgebäude des Städelschen
Kunstinstituts am Schaumainkai sollte im Rahmen einer umfassenden
Sanierung eine neue Cafeteria erhalten.
Plaziert werden sollte der Neubau im westlichen, zur Holbeinstraße
orientierten Hof des historischen Baus. Der Entwurf sieht dafür die Über-
dachung dieses Hofs mit einer einfachen Konstruktion vor. Das neue Dach
steht für sich und berührt den Altbau nicht, so daß der Hof als solcher
erlebbar bleibt. Zugleich trennt das so entstandene, mit Sonnenschutz-
elementen versehene Oberlichtband Alt und Neu und liefert den bestehenden
Räumen die erforderliche Belichtung. Einem Bühnenbild gleich umrahmen die
alten Hoffassaden den neu entstandenen Raum. Die nach außen gerichtete,
offene Seite des Hofs wird durch einen gläsernen Schirm begrenzt.
Der Planung zufolge soll der Boden des Hofs als Relief ausgebildet
werden. Im Erdgeschoß, beziehungsweise auf Sockelhöhe liegt mit der
Cafeteria der Hauptraum, auf der Ebene des Nazarener Saales das Internet-
café. Von der Cafeteria und der ihr vorgelagerten Terrasse ist der Main
zu sehen. Im Sommer kann man die Fensterwände öffnen.
Cafeteria, Laden und Andienung sind getrennt erreichbar. Durch die ebene
Anbindung des Nazarener Saales kann dieser vom Museum abgekoppelt und
mit der Cafeteria genutzt werden. Küche und Toiletten liegen im Souter-
rain. Die Küche hat eine eigene Andienung. Die Technikräume sind im
Kellergeschoß angeordnet.
Bis auf den Sockel und die Außenstufen, die aus Sandstein ausgeführt
werden sollen, und das als Stahlkonstruktion konzipierte Dach sollen
alle weiteren tragenden Bauteile in Stahlbeton realisiert werden.

Die Cafeteria

Modellfoto

Städtebauliche Situation

Projekt einer Cafeteria im Städelschen Kunstinstitut Schaumainkai / Holbeinstraße, Frankfurt am Main (Sachsenhausen)   **Bauherr** Städelsches Kunstinstitut, Administration, Frankfurt am Main   **Architekten** Jourdan + Müller · PAS, Frankfurt am Main / Jochem Jourdan, Bernhard Müller   **Mitarbeiter** Christine Hölzel, Felix Jourdan, Max Pasztory, Christian Rueff, Helmut Winkler   **Tragwerksplanung** Reinhold Meyer, Kassel Haustechnik Georg Hausladen, Kirchheim   **Modellbau** Christian Müller, Frankfurt am Main

Fotografie ROBERTINO NIKOLIC, Frankfurt am Main

Ein weithin sichtbares Zeichen, das leicht vor die Häuserfront gekippt mit einem Winkel von 4 Grad in die Mainzer Landstraße ragt. Aber auch: Ein Innenraum, der uns umspannt, bedrängt und sich erst im Hineingehen, Drinnensein, Hindurchgehen erschließt. Ein schlanker zweiläufiger, kurvig aufsteigender Rahmenbau, in dessen schmalhohe Öffnung spindelförmig eine konkav und konvex geschwungene Bahn geschoben ist. An der Spitze schließt der Rahmen, leicht überkragend, horizontal ab. So übersichtlich diese konstruktive Konzeption sich darstellt, so kompliziert drückt sich das in der Beschreibung aus. Alle Kurven und Maße sind überdies, indirekt oder direkt, vom benachbarten Hochhaus des Frankfurter Büro Center abgeleitet. Bury erweist sich hier als der Meister einer urbanen, ortsspezifischen Kunst, was gleichermaßen Einfügung wie Ausgrenzung, Integration wie Autonomie bedeutet.

Integration: Sämtliche Kurven (und das Pendulum besteht nur aus Kurven) gehen auf das 142 Meter hohe Frankfurter Büro Center zurück. Sein Höhenmaß bildet den Durchmesser eines imaginären Kreises. Dieser Kreis gibt verschieden große Segmente

Claus Bury und sein »PENDULUM«

vor, aus denen die Skulptur sich zusammensetzt. Je kleiner das Segment, desto näher rückt es den starren Orthogonalen der Architektur. Je länger, desto kurviger schwingt es dagegen an. So generiert das Haus selbst, auf dem Umweg über den Zirkelschlag, die durchgehende Biegung als Charakteristikum der Skulptur.

Dagegen stammen die Breitenmaße unmittelbar vom Raster des Büro Centers. Der getreppte Rahmenbau und die konkavkonvexen mittleren Bahnen korrespondieren mit den Fenstern zwischen dem vertikalen Aluminiumprofil. Sie repetieren deren Breite, während die Höhe einer eigenen Gesetzlichkeit folgt. Auf diese Weise verdichten allein schon die Maße in Breite und Höhe das Prinzip Angleichung plus Selbständigkeit. Ähnliches gilt auch für die Farbe. Der sich mit dem Licht von silbrig bis bronzebraun verändernde Ton des Schiffsbaualuminiums hebt sich von der Straßenfront ab, schrillt aber nicht als signalroter oder gelber Fanfarenstoß dagegen an. Das Material Aluminium schlägt überdies eine Brücke zum Aluminium am Frankfurter Büro Center.

MANFRED
SCHNECKENBURGER

Blick auf das Hauptgebäude mit dem Audimax

(Gebäude 8 der FH Frankfurt)

ARCHITEKTEN Fink + Reinwald

ESSAY Walter Schoeller

FOTOGRAFIEN Fink + Reinwald

Campus-Architektur

Die Anforderungen an die Wissensvermittlung sind in unserer komplexen, differenzierten Gesellschaft gestiegen, und sie werden weiter steigen. Ausreichende Gelder für Bauten der Lehre und Forschung sowie für ihren Unterhalt sind daher unverzichtbar. Erste private Hochschulen können als Beleg für die mangelnde Pflege des bestehenden Systems gelten.

Eine erfreuliche Ausnahme stellt die Fachhochschule Frankfurt dar. Gegründet 1971, blieb ihre bauliche Entwicklung in den Folgejahren jedoch zunächst weit hinter den räumlichen Erfordernissen zurück. Ein Neubau mußte also her. Es galt, den zentralen Bereich der FH an der Kleiststraße unweit des Nibelungenplatzes im Frankfurter Nordend um einen Komplex mit einem Audimax, weiteren Hörsälen, Seminarräumen, Büros der Studienberatung, Bibliotheksräumen, einer neuen Mensa, einem Studentencafé, Maschinenhallen und einem Blockheizkraftwerk zu erweitern. Zugleich bot der Neubau die Chance, die städtebauliche Neuordnung der heterogenen Umgebung in Angriff zu nehmen. Nebenbei sollten die derart zu einem Campus zusammengefaßten FH-Bauten zu Identifikations- und Bezugspunkten des gesamten Quartiers ausgebildet werden. Bei dem Anfang 1987 ausgelobten Realisierungswettbewerb war demnach weit mehr gefragt als die bloße Erfüllung des Raumprogramms.

Es war eine außergewöhnliche Lösung, mit der die Darmstädter Architekten Fink + Reinwald den Wettbewerb gewannen. Zu einer Zeit, in der in Frankfurt die Postmoderne dominierte, verzichteten sie mit ihrem städtebaulich wie architektonisch modernen Entwurf als einzige Teilnehmer auf eine Blockrandbebauung, gliederten statt dessen die Baumassen nach funktionalen Kriterien und gestalteten die Höhenentwicklung der Baukörper unter Berücksichtigung der Topographie. Ein erkennbares Miteinander aller alten und neuen Bauten erhob die zentrale Freifläche zu einem Treffpunkt der Hochschulgemeinschaft insgesamt.

Aus der Innenstadt kommend ragt von dem unter dem Namen »Gebäude 8« von der Verwaltung geführten Komplex ein schon von weitem gut sichtbarer »schwebender« mehrgeschossiger Riegel in den Straßenraum hinein. Mit der Querstellung des Baukörpers wird das Gelände in zwei Bereiche gegliedert: den eigentlichen Campus und einen Werkhof. Beide sind über die gläserne Eingangshalle des Neubaus auch optisch miteinander verbunden.

Die inzwischen verkehrsberuhigte Kleiststraße wurde zu einem neuen Hochschulweg entwickelt. Zur leichten Orientierung sind die einzelnen Teile des neuen Gebäudes unverwechselbar gestaltet. Von der Eingangshalle aus sind alle größeren Versammlungsräume direkt zu erreichen. Aufzüge und Treppenhaus liegen am Schnittpunkt beider Längskörper. Kleinere Unterrichts- und Büroeinheiten sind klar übereinander angeordnet. Durch die unterschiedliche Ausrichtung der beiden großen Längskörper ergeben sich vielfältige Ausblicke aus den Gängen und Zimmern. Die maschinentechnischen Versuchsbereiche sind direkt über den Werkhof erschlossen und dadurch separat zu betreiben.

Ein Blick hinaus   *Haupteingang, Foyer und Freitreppe*

Die Hauptkörper nehmen als längliche Riegel die Richtung der benachbarten Kreutzerstraße auf. Das Audimax löst sich von dem Querriegel, dreht sich unter diesem heraus und bezieht sich mit seinen Kanten auf die unmittelbar angrenzende Kleiststraße. Neben Vorträgen und Vorlesungen finden hier auch Experimentalvorführungen statt. Ein bauliches Experiment führt dieses Audimax selbst vor: Der riesige Hörsaal ist der Blickfang der neuen Anlage, unter anderem durch seinen besonderen, in sich verdrehten Grundriß, aber auch wegen der allseitig schräg in Beton gegossenen Wände, die zusätzlich verschiedene Möglichkeiten der plastischen Gestaltung und der Oberflächenstrukturierung des Materials demonstrieren. Der weitgehend geschlossene Baukörper steht im Kontrast zur transparenten Eingangshalle. Durch kleine, blau verglaste Öffnungen dringt sakral anmutendes Licht ins Innere und verstärkt den introvertierten Charakter am Tage wie abends durch die künstliche Beleuchtung nach außen. Holzpflaster und eine variierende Farblasur des brettgeschalten Sichtbetons beleben den Innenraum.

Die dem Audimax eigene Stimmung findet ihre Entsprechung in der als Sonderform entwickelten Mensa. Der mehrgeschossige Raum ist vollverglast, über eine Terrasse mit der zentralen Freifläche verbunden und dadurch praktisch ein Bestandteil dieses Platzes. Das gegenüberliegende Studentencafé im Altbau soll als selbstverwaltete Einrichtung bewußt eine Alternative zur Mensa darstellen. Der Platanenhain als sommerlicher Freisitz bietet hierbei das Gegenstück zur Terrasse der Mensa.

Alle Baukörper sind präzise entwickelt und bis ins Detail durchdacht worden. Auf dem verputzten Sockel des Längsriegels sitzt das leichte, vollverglaste Obergeschoß mit dem Studentensekretariat und den Unterrichtsräumen. Die maßvolle Höhenentwicklung des Baukörpers nimmt auf die angrenzende Wohnbebauung Rücksicht. Der Querriegel beginnt sichtbar mit dem dritten Obergeschoß. Standardräume für Seminar- und Bürotätigkeit sind hier als »Kiste« zusammengefaßt. In dem zurückgesetzten Dachgeschoß sind die Zimmer der Professoren angeordnet.

Den verhältnismäßig langen Planungs- und Bauzeitraum von acht Jahren haben Fink + Reinwald gut genutzt, um alle Aspekte bis zur Vollendung zu durchdenken – erfreulicherweise erhielten sie diese Chance, denn die absolute Größe und Komplexität des Projekts hätte zu einem Problem für sich werden können. So aber ist ein großzügiger Hochschulbau von großer architektonischer Qualität entstanden.

WALTER SCHOELLER

Grundriß Erdgeschoß

Gebäude 8 der Fachhochschule Frankfurt am Main Kleiststraße, Frankfurt am Main   **Bauherr** Land Hessen/Staatsbauamt Frankfurt am Main II   **Architekten** Fink + Reinwald, Darmstadt/Florian Fink, Jörg Reinwald   **Mitarbeiter** Simone Ries-Schmoll, Bernhard Herzog, Peter Gronych, Axel Döring, Birgit Wolf   **Tragwerksplaner** Wolfgang Schäfer, Gießen   **Freianlagen:** Fink + Reinwald, Darmstadt, mit Ludwig Schegk

Im Audimax

Ansicht Rechneigrabenstraße   *Der Hof*

(Haus der Evangelischen Kirche)

ARCHITEKTEN Werkgemeinschaft hsv – lup

ESSAY Enrico Santifaller

FOTOGRAFIEN Stefan Schilling

Ins Leben zurückgeholt

Robert Musils Mann ohne Eigenschaften war trefflich über die zeitgenössische Architektur-diskussion informiert. Ulrich, der Romanheld, zitiert einen »führenden Baukünstler«, wenn er sagt: »Der moderne Mensch wurde im Krankenhaus geboren und stirbt im Krankenhaus, insofern sollte er auch in etwas ähnlichem wie einem Krankenhaus leben.« Als hätten sie selbst den Hippokratischen Eid geschworen, haben sich Architekten gerade in diesem Jahr-hundert der Gesundheit verschrieben. Für die Kranken entwarfen sie in Übereinstimmung mit der Schulmedizin immer maßstabssprengendere Gebäudemaschinen, Sinnbilder jener immer komplexeren Apparate, welche der Krankheit im wörtlichen Sinne zu Leibe rückten. Doch diese Großstrukturen liegen – oft mit einem hohen Zaun umgeben – wie Inseln in der Stadt, isoliert, ohne Kontakt zum Quartier.

Ein Gebäude, »von dem Stadtplaner träumen können«, nannte Paulhans Peters das Haus der Evangelischen Kirche in Frankfurt am Main anläßlich der Verleihung der Martin-Elsaesser-Plakette des Frankfurter BDA, mit der Bauherr und Architekten dieses Hauses ausgezeichnet wurden. Den Vorsitzenden der Jury beeindruckte vor allem die »unglaubliche Multifunktionalität« des Gebäudes: Arbeiten, Wohnen, Einkaufen, Veranstaltungen, Parken – und Sterben. Das Haus ist Ergebnis eines Wettbewerbs, den die Immobiliengesellschaft des Evangelischen Regionalverbandes Frankfurt, auslobte. Schon das Raumprogramm forderte eine ungewöhnliche Nutzungsvielfalt: Auf dem engen innerstädtischen Grundstück in der Rechneigrabenstraße, einer Baulücke in äußerst heterogenem und wenig intaktem Umfeld, waren ein Medienzentrum, Verwaltungsräume für die evangelische Diakonie, eine Zentralbibliothek, Sozialwohnungen, eine Tiefgarage und eine Station für palliative Medizin, ein Sterbehaus für unheilbar Kranke also, unterzubringen.

Der Entwurf der Werkgemeinschaft hsv Architekten mit lup schlug eine Anlage mit vier Baukörpern vor, die sich um einen Innenhof gruppierten. Dieser sollte nicht nur als zentraler Verteiler dienen, sondern auch Ausdruck der Gemeinsamkeit der verschiedenen Nutzungen sein. Im Osten sollte das Gebäude die bestehende Blockrandbebauung fort-setzen, zur im Süden verlaufenden Rechneigrabenstraße und zur nördlichen Grünanlage mit dem alten, denkmalgeschützten jüdischen Friedhof sowie einem Kindergarten sollten Blick-beziehungen mit breiten Fugen zwischen Baukörpern hergestellt werden. Durch markante, dennoch filigrane Stahlbrücken im Norden, die zu einem Treppenhaus führen, sowie durch eine »Wohnungsbrücke« im 6. Geschoß am Rechneigraben bleibt die Einheit nicht nur optisch, sondern auch funktional gewahrt.

Im Grundsatz konnte der Entwurf wie geplant ausgeführt werden. Freilich, da der ohnehin große Raumbedarf weiter erheblich angestiegen, die öffentliche Förderung der Wohnungen wegen knapper Kassen von Stadt und Land entfallen war, schließlich – der Bau war kurz vor Fertigstellung – das gemeinsame Kasino mit Sitz- und Eßgelegenheiten im Hof einem Tonstudio, die Bibliothek einer Buchhandlung mit einem eigenen Eingang zur Straße wich, kam es zu mehrfachen Umplanungen. So fiel zum Beispiel die vorgesehene

Städtebauliche Situation   *Grundriß Erdgeschoß*

Klinkerverblendung dem kargen Budget zum Opfer und wurde durch weißen Thermoputz ersetzt. Dennoch, das Konzept des teils fünf-, teils sechsgeschossigen Gebäudekomplexes, so zurückhaltend-selbstbewußt wie er sich heute präsentiert, ist nach wie vor stimmig und wird den Intentionen des Auslobers gerecht.

Eine unterschiedliche Geometrie, unterstützt durch verschiedene Fensterformate, durch die Betonung des Rasters oder der geschlossenen Hülle, in die gleichsam spielerisch die einzelnen Öffnungen eingesetzt sind, machen jeden Baukörper einzeln ablesbar; ästhetisch bildet der gesamte Komplex dennoch eine Einheit. Getragen wird das Gebäude durch eine Stahlbetonkonstruktion, Trennwände bestehen in der Diakonie und in der Verwaltung aus einem flexiblen Gipskarton-System, bei den – schließlich freifinanzierten – Wohnungen und beim Hospiz aus Mauerwerk. Das dreigeschossige Hospiz, auf das noch mal zwei Geschosse mit Wohnungen gesattelt wurden, ist in Ost-West-Orientierung und als Einbünder organisiert. Breite, vorgehängte Stahlbalkone bieten den Patienten einen reizvollen Blick zur nahen Innenstadt und zur Skyline im Westen. Die auskragenden Erker, eine Holz-Aluminium-Konstruktion, in denen sich die allgemeinen Aufenthaltsräume befinden, können mit ihren großformatigen Fenstern mit einem Blick zum Hof aufwarten.

Die Patientenzimmer, auf Wunsch können auch Angehörige dort übernachten, sind mit Eichenhirnholz belegt, ebenfalls die Flure. Einbaumöbel und Türen aus Buchenholz, helle Farben, viel Glas – auch bei der Innenwand des Treppenhauses – unterstützen den freundlichen Eindruck des Hospizes. Die Naßzellen, von jeweils zwei Zimmern zu benutzen, lassen – in Grenzen – einen intimen Bereich zu. Weil das Erklimmen von Stufen für Kranke eine besondere Anstrengung, aber auch einen besonderen Erfolg bedeutet, legten die Architekten großen Wert auf die Gestaltung der elegant sich empor windenden Treppe: Die Handläufe und die Stufen sind aus Buchenholz, die Verkleidung aus Edelstahl-Lochblech, auf jedem Geschoß befindet sich eine Ruhebank. Neben den Treppen spielen die großen Fensteröffnungen auf der Hofseite eine wichtige Rolle. Von einem großen Laubbaum, an dem Jahreszeiten erlebbar werden, und einem Brunnen geschmückt, kann der gemeinsame Innenhof als das zentrale integrierende Element erfahren werden.

Durch Verwendung hochwertigen Materials für das Interieur, durch die lichte Großzügigkeit der Räume wird zusätzlich die freundliche, fast familiäre Atmosphäre des Hospizes betont. Dasselbe gilt auch für Arzt-, Pflege- und Betreuungszimmer, die wie die Kapelle und die allgemeine Verwaltung im Erdgeschoß untergebracht sind, sowie für das Medienzentrum und die Diakonie. Die Qualität im Inneren ist ebenso ein vereinheitlichendes Element wie die äußere Thermohülle, welche die weiße Moderne zitiert, oder der Hof, der einen schützenden Rahmen für vielfältige Begegnungen schafft, aber keine Kommunikation erzwingt. Der Rückgriff auf den von der Moderne verdrängten Typus des Hofhaus erweist sich im Falle des Hauses der Evangelischen Kirche als Kunstgriff, weil er alle Funktionen überzeugend vereint und deshalb auch eine gelungene Stadtreparatur darstellt.

Aufgabe der Hospizbewegung ist es, unheilbar Kranken ein menschenwürdiges Sterben zu ermöglichen. Sie will das Sterben ins Leben – und das heißt auch: in die Stadt – zurückholen. Bislang wurden Hospize meist in umgebauten Stationen von Altenheimen oder Krankenhäusern untergebracht. Das Gebäude am Rechneigraben, in dem Menschen ein Buch kaufen, eine Veranstaltung besuchen, ihr Auto parken können, in dem sie arbeiten, wohnen und sterben, ist bisher das einzige seiner Art in dieser Republik. Mögen es vielen werden.

ENRICO SANTIFALLER

Haus der Evangelischen Kirche Rechneigrabenstraße, Frankfurt am Main   **Bauherr** Gemeindliche Bau- und Verwaltungs GmbH, Immobiliengesellschaft des Evangelischen Regionalverbandes Frankfurt   **Architekten** Werkgemeinschaft hsv–lup / Heers Salmhofer Vollmer, Braunschweig; Lange, Ullrich und Partner, Meschede   **Projektarchitekt** Jörg Salmhofer   **Mitarbeiter** Astrid Reincke   **Bauleitung** Karin Scheferhoff, Ulli Werner   **Tragwerksplanung** Engelbach + Partner, Frankfurt am Main   **Freiraumplanung** Werkgemeinschaft Freiraum, Nürnberg / Franz Hirschmann

Der Hof, in der Dämmerung

In den oberen Geschossen *Foyer*

[Hotel und Dampf-Umform-Station]

ARCHITEKT Christoph Mäckler

ESSAY Dieter Bartetzko

FOTOGRAFIEN Dieter Leistner/Architekton

Wo käufliche Liebe und freier Geist beheimatet sind

Im Jahr 1989 wollte Frankfurt seine klassizistische Stadtbibliothek zurück. Man erlebte die fetten Jahre der postmodernen Architektur und empfand den Säulenportikus, den die Bomben des Zweiten Weltkriegs vom Büchertempel übriggelassen hatten, als Provokation. Die Entwürfe eines Ideenwettbewerbs reichten von der Kopie des zerstörten Altbaus bis zur dekonstruktivistischen Assemblage. Gemeinsam war allen der Glaube an die Würde von Ort und Bau. Bei einem Ortstermin der Jury wetterte der Frankfurter Maler Thomas Bayrle gegen derlei gekünstelte Pietät. Bayrle bezog sich auf die häßliche Bebauung der Umgebung, zu der auch zwei ertragreiche Bars samt Bordell mit dem goethefesten Namen »West-Östlicher-Diwan« gehören. Die Kontroverse wurde nicht zu Ende gebracht. Frankfurts beginnender Geldmangel ließ die hochfliegenden Pläne abstürzen.

Immerhin brachte die Stadt 1994 mit einem konvex geschwungenen Arbeitsamt nahe dem Portikus einen erträglichen Neubau zustande. Ihm folgte kürzlich ein kleines architektonisches Wunder: eine Blockergänzung, die nichts vom Lückenbüßer hat, ein Zweckbau, den sein Architekt Christoph Mäckler auf ein anspruchsvolles gestalterisches Niveau gehoben hat. »Dampf-Umform-Station und Hotelerweiterung« lautet der offizielle Name.

Das Innere des Neubaus ist schlicht funktionell gestaltet. Entscheidend ist der Außenbau, der inmitten einer wirren Ansammlung anspruchsloser Bauten wie ein ästhetisches Fanal wirkt. Er lebt vom Spiel der Gegensätze: Auf den Fassaden kontrastieren dunkel-violette Klinker und hellgrauer, seidig glatter Sichtbeton; im Aufbau wechseln spannungsvoll offene und geschlossene Formen. Das beherrschende Motiv ist eine drei Geschoß hohe Einfahrt, in der die Notwendigkeiten der Dampf-Umform-Station in monumentale Bildlichkeit überführt worden sind. Schon hier wird man an Erich Mendelsohns expressive Bauten erinnert, die dem Maschinentaumel der frühen Moderne architektonische Form gaben. Und wie bei Mendelsohn finden sich auch in Mäcklers Bau die Gegenakzente eines unterschwelligen, Altägypten entlehnten Ewigkeitspathos.

Über der Durchfahrt setzen die Fensterreihen von drei Hoteletagen die Strenge fort. Abschließend ragt ein von fünf trapezoiden Öffnungen unterteiltes Dachgeschoß schräg nach vorn. Mit seiner festungsartigen Anmutung ist es Mendelsohns berühmtem Berliner Mosse-Haus nah. In grellem Kontrast zu solchen die Würde des Gebäudes unterstreichenden Motiven steht eine an der Mainseite angebrachte Neonreklame, die direkt aus den fünfziger Jahren entsprungen scheint: eine barbusige üppige Schönheit mit Schmollmund, langen Locken und wogenden Hüften. Man denkt an frohe Filme und Plakate Brigitte Bardots. Das Rotlichtmilieu hält an diesen Erinnerungen fest und setzt sie nun am Mäckler-Bau ein. Denn das Hotel in ihm ist Unterkunft der Prostituierten des Bordells nebenan.

Ansicht vom Main

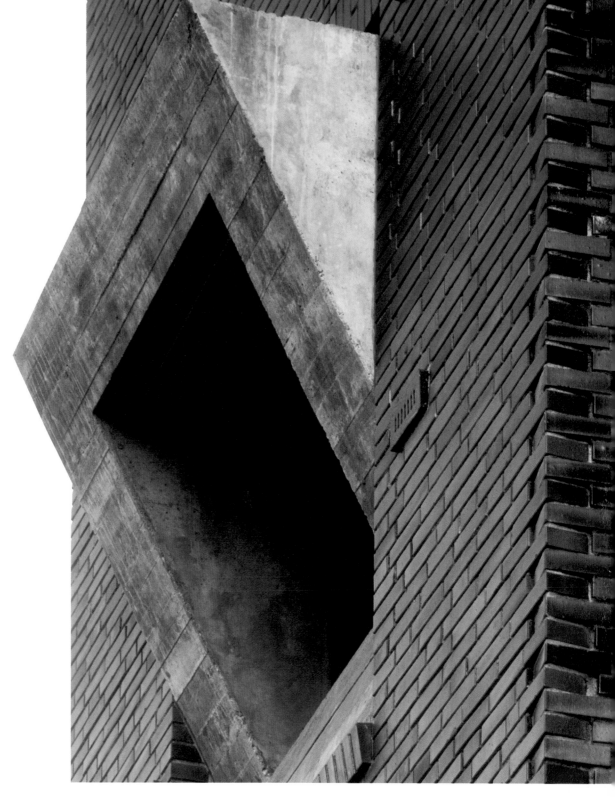

Fassadenausschnitt

Straßenansicht

Im Zeichen des städtischen Sparzwangs ist es also möglich geworden: Der Magistrat teilt sich die Bauherrenschaft mit einem Organisator der käuflichen Liebe. Der Stand der Dinge und der Architektur zeigt dabei nichts Anrüchiges. Denn Mäcklers Neubau fügt sich in ein städtebauliches Ensemble, in dem nahezu alles vertreten ist, was städtisches Leben auszeichnet. Wer wollte und könnte das Rotlichtmilieu aus dieser Vielfalt ausgrenzen? Als Zeichen der Eintracht leuchtet nun abends die Bardame vom Neubau. Sie stört keinen Schlaf Gerechter.

DIETER BARTETZKO

Hotel und Dampf-Umform-Station Oskar-von-Miller-Straße, Frankfurt am Main (Ostend) **Bauherr** Stadtwerke Frankfurt am Main GmbH + Dieter Engel, Frankfurt am Main **Architekt** Christoph Mäckler, Frankfurt am Main **Projektarchitekten** Beate Grimm, Thomas Mayer **Mitarbeiter** Stefanie Schmand, Dorothee Klein, Julia Klein, Joanna Tsingogianni **Tragwerksplaner** Bollinger + Grohmann, Frankfurt am Main

Fassadendetail – Modellfoto

Westhafen
Tower

ARCHITEKTEN Schneider + Schumacher

MODELLFOTOGRAFIEN Jörg Hempel

Die Geschichte der Stadt Frankfurt ist seit jeher eng mit dem Main verbunden. Hat man andernorts einen Central Park und eine Museumsmeile, so ist es hier ein Mainuferpark samt Museumsufer. Der alte, inzwischen ausgediente, am Rande der Innenstadt gelegene Westhafen, zu Fuß keine zehn Minuten vom Hauptbahnhof entfernt, markiert das Ende beziehungsweise den Anfang dieses Mainuferparks in Richtung Zentrum. Genau hier soll durch Umwandlung des Westhafens ein neuer Stadtteil entstehen.

Im wesentlichen gliedert sich dieser in einen gleich an der Friedensbrücke plazierten Eingangsbereich, der durch das Hochhaus Westhafen Tower und zwei weitere Solitäre markiert wird, ein sich daran anschließendes Wohngebiet entlang des Hafenbeckens und ein stadtauswärts im Westen des Areals liegendes Gewerbegebiet.

Die zylindrische Form der Westhafen Tower stellt schon wegen ihrer hohen architektonischen Prägnanz und Einzigartigkeit Bezüge zu den historischen »Warten« an den Toren der Stadt her. Darüber hinaus bietet eine solche Form ein überaus günstiges Verhältnis von Volumen zu Außenfläche, was sich positiv auf die Baukosten und den Energieverbrauch auswirkt.

Durch die Drehung der Geschosse um den zentralen Kern erhält der Westhafen Tower einen dynamischen, aufwärtsstrebenden Charakter. Trotz der Komplexität des Erscheinungsbildes ist die Tragstruktur einfach und kostensparend. Der innere Kern wirkt als aussteifende Röhre und zieht sich genauso unverändert durch alle Geschosse wie die Stützen. Das Stützenraster, die Auskragung der Geschoßdecken und die Verkürzung der Tragweite durch den umlaufenden Voutenring ermöglichen ausbaufreundliche Flachdecken. Der Voutenring erlaubt zudem eine flexible Führung der Technikinstallation je nach der gewünschten Nutzung als Büro, Hotel oder Wohnung.

Durch die Rotation der Geschosse werden zudem aus den zur natürlichen Belüftung der Büros eingerichteten, miteinander verbundenen Terrassen und Wintergärten mehrgeschossige spiralförmige Räume. Die Zirkulation der Luft in ihnen erreicht dabei eine Qualität, wie man sie sonst nur von niedrigen Bauten her kennt. Zusätzlich können die entstandenen, überaus reizvollen Räume dazu dienen, zusätzliche interne Verbindungen zwischen den Geschossen zu schaffen. Dadurch lassen sich mehrere Etagen zu einem eigenständigen »Gebäude im Gebäude« zusammenfassen.

Das in den kreisförmigen Etagen eingeschriebene Quadrat ermöglicht eine Unterteilung der Grundrisse in Einzel-, Kombi- oder Großraumbüros mittels einfacher standardisierter Systeme.

Die äußere Haut besteht aus einer Einfachverglasung. Die natürliche Belüftung erfolgt über Öffnungselemente beziehungsweise Fugen in dieser Haut. Die innere Haut besitzt Fenster, die von den Nutzern individuell geöffnet werden können. Der Raum zwischen der äußeren und der inneren Haut dient als Lärmschutz.

Das Hochhaus und die Stadt Frankfurt – Fotomontage   *In der Dämmerung – Fotomontage*

Grundriß – »Plaza«-Ebene

Projekt Westhafen Tower Westhafen, Frankfurt am Main   **Bauherr** OFB, Frankfurt am Main   **Architekten** Schneider + Schumacher, Frankfurt am Main / Michael Schumacher,
Till Schneider   **Mitarbeiter** S. Goeddertz, K. Otto, M. Marten, S. Turri, T. Zürcher   **Tragwerksplaner** Bollinger + Grohmann, Frankfurt am Main

Jenseits des Alleenrings

Die Entwicklung einer Stadt

Für Frankfurt prägend ist das Spannungsfeld zwischen internationaler Metropole und überschaubaren Stadtteilen, zwischen Skyline und alten Dorfkernen. Für die Entwicklung der Stadt ist es wichtig, beiden Seiten Raum zu geben.

Wir müssen in Frankfurt heute großmaßstäbliche Entwicklungen vorantreiben bei gleichzeitiger Armut der öffentlichen Kassen. Das setzt innovative Konzepte und Strategien voraus. Und die eigentliche, spannende Herausforderung ist es, die erforderlichen Entwicklungen mit weitsichtigen, zukunftsfähigen Projekten zu füllen.

Frankfurt hat einige wichtige Potentiale, die für die Dynamik der Stadt von maßgeblicher Bedeutung sind. Diese zu behüten und auszubauen ist die Grundlage unserer Stadtentwicklung. Wir setzen Rahmen, die durch andere Akteure ausgefüllt werden können.

In Hinblick auf die wirtschaftliche Entwicklung unserer »kleinen Metropole«, aber auch für die Entwicklung des Wohnens müssen wir unseren Umgang mit Wachstum reflektieren. Wenn wir keine wegweisenden Konzepte für Arbeitsplätze, Wohnquartiere, Freiräume und Verkehr entwickeln, droht der Stadt die soziale Segregation: Wer es sich leisten kann, zieht aus der Stadt heraus. Die Stadt akkumuliert dann gleichsam das wirtschaftlich und sozial schwächere Potential. Wenn man dieser Entwicklung entgegenwirken will, muß man innerhalb der Stadt für die verschiedenen Nutzungen Flächen zur Verfügung stellen, auch für den Wohnungsbau.

Fotografie KLAUS HAGMEIER, Frankfurt am Main

Das Stadtgebiet

Potentiale der wirtschaftlichen Stadtentwicklung Frankfurts sind die zentrale Lage der Stadt im europäischen Eisenbahn-, Autobahn- und Flugliniennetz, die Messe als Rückgrat des Handels, die Banken, die Wissenschaft und Forschung und das produzierende Gewerbe. Nur durch die permanente Modernisierung und Verknüpfung dieser Systeme kann Frankfurt seine wirtschaftliche Stellung halten und ausbauen.

Wichtigstes und spannendstes Projekt ist in diesem Zusammenhang »Frankfurt 21«, die Untertunnelung des Hauptbahnhofes. Durch »Frankfurt 21« können die Nachteile des Kopfbahnhofes beseitigt werden. Zugleich werden große, zentral gelegene Entwicklungsflächen im Bereich des Hauptbahnhofs und des Güterbahnhofs freigesetzt. Diese Flächen werden insbesondere von der Messe dringend benötigt, die damit am traditionellen Standort gesichert werden kann: ein großer Vorteil, denn Frankfurt wird dann von allen neuen Messen in der Republik die einzige in Innenstadtlage haben.

Der Bankenstandort erhielt durch die Ansiedlung der Europäischen Zentralbank neue Triebkraft. Die Skyline steht heute für Frankfurt als Bankenstadt. Es gibt meines Wissens keine Stadt auf der Welt, deren Bankenviertel sich über die Bauform des Hochhauses so sehr charakterisiert wie Frankfurt. Mit der Fortschreibung des Hochhausentwicklungsplans »Frankfurt 2000« haben wir mögliche Standorte für weitere Hochhäuser untersucht, denn die Nachfrage ist ungebrochen.

Im Bereich Wohnen gibt es ebenfalls große Projekte: Den neuen Stadtteil im Frankfurter Norden auf dem Riedberg, zum Beispiel. Hinter diesem Vorhaben steht die Überlegung, nicht mehr durch einzelne Arrondierungen wie Zwiebelschalen immer neue Siedlungsflächen um die historischen Stadtteile oder Ortskerne zu legen, die die häufig noch intakten Ortsränder zerstören und die Erschließungssysteme überfordern. Wir wollen statt dessen wieder in die Zwischenräume der heutigen Stadtteile gehen. Der »Riedberg« hat die Chance, sich zu einem lebendigen Stadtteil zu entwickeln, denn er wird unterschiedliche Wohnformen enthalten und von seiner Nähe zur Universität am Niederurseler Hang profitieren. Frei von den Zwängen der Innenstadt, kann er Raum bieten für die Entwicklung neuer Konzepte des Zusammenlebens, des Städtebaus und der Architektur.

MARTIN WENTZ

JONATHAN BOROFSKY

Der »Hammering Man« von Jonathan Borofsky war von Beginn an als charismatisches Zeichen für den arbeitenden Menschen gedacht. In seiner Erscheinung gleicht er einer herausgesägten Figur, offenbart sich bewußt anonym wie ein Schattenriß. Er erzählt uns, daß der Mensch fast alles kann, nur über seine körpereigene Zeit kann er nicht hinausgehen. Der Rhythmus seines Atmens bestimmt letztlich den Rhythmus seiner Arbeit und darüber hinaus den seines Lebens.

Der »Hammering Man« hat Gleichnischarakter. Andererseits macht er seinen Öffentlichkeitsanspruch geltend. Er ist nicht nur für die Angestellten, die tagtäglich im benachbarten Messeturm ihrer Arbeit nachgehen, er ist für alle gedacht, die hier vorbeikommen, Autofahrer, Fußgänger und Fahrradfahrer.

Der »Hammering Man« ist in Frankfurt zu einer Art Wahrzeichen geworden - nicht nur, weil er 21 Meter hoch ist. Entscheidend ist der Rhythmus seiner »hämmernden« Bewegung: dieses langsame Auf- und Absteigen des Armes im Rhythmus von zweimal ein- und zweimal ausatmend. Als sich der Arm einmal über drei Wochen lang nicht bewegte - der Motor mußte ersetzt werden -, gab es von Autofahrern, die sich morgens im zähflüssigen Verkehr durch die Friedrich-Ebert-Anlage in die Stadt hineinbewegen, viele Proteste. Die Begründung war erstaunlich: Die Armbewegungen wirkten ungemein beruhigend auf den Betrachter, so daß man sich, im Stau stehend, entspannen könne.

JEAN-CHRISTOPHE AMMANN

Fotografie JEAN-LUC VALENTIN, Frankfurt am Main

UND SEIN »HAMMERING MAN«

Hochhäuser
[Kastor & Pollux]

ARCHITEKTEN Kohn Pedersen Fox
und Nägele Hofmann Tiedemann + Partner

ESSAY Peter Schmal

FOTOGRAFIEN H. G. Esch

Frankfurts unzertrennliche Zwillingsbrüder

Göttervater Zeus stieg in Gestalt des Schwans der schönen Leda nach. Das Ergebnis
waren die unzertrennlichen Zwillingsbrüder Kastor und Pollux. Diesen Namen bekamen die
beiden Hochhäuser, die direkt neben dem Messeturm entstanden sind. Urheber ist das
erfolgreiche Architektenteam von Kohn Pedersen Fox (KPF), London, und den Frankfurtern
Nägele Hofmann Tiedemann + Partner (NHT).

Eine Studie von Albert Speer & Partner schlug 1984 vor, die Hauptverwaltung der
Bundesbahn von der Friedrich-Ebert-Anlage ins Gallus-Viertel zu verlegen und an ihrer
Stelle neue Hochhäuser zu errichten. Ein öffentlicher Platz zwischen den Baukörpern sollte
als Eingang in das Entwicklungsgebiet auf dem alten Gelände des Güterbahnhofs dienen.
Der Bebauungsplanvorschlag sah bei Höhen von 120 und 85 Meter insgesamt 77.000
Quadratmeter Geschoßfläche vor. Die beiden neuen Türme sollten zwischen dem Messe-
turm von 256 Metern Höhe und der Umgebung vermitteln. Ein dritter Turm – die schöne
Schwester Helena? –, in der Achse des Platzes gelegen und 180 Meter hoch, fiel damals der
(grünen) Politik zum Opfer, wird aber im neuen Hochhausentwicklungsplan wieder hervor-
geholt.

Der niederländische Pensionsfond kaufte das 8.200 Quadratmeter große Grundstück für DM 240 Mio. (DM 3.000 pro Quadratmeter Bruttogeschoßfläche). Da sich
die politische Landschaft in Frankfurt im Frühjahr 1989 aber dramatisch veränderte
(Rot-Grün statt CDU-Mehrheit im Magistrat), mußte der Investor umsichtig vorgehen. Er
ließ drei Gutachten anfertigen und entschied sich im Sommer 1989 für den Entwurf von
KPF, mit dem Ziel einer Zusammenarbeit von KPF und NHT, nach guten Erfahrungen mit
diesem Team beim Bau des 208 Meter hohen Turmes der DG BANK.

Mit einem positiven Klimagutachten des Deutschen Wetter-Dienstes und einer
Einigung mit den Nachbarn Messeturm und Bundesbahn ging man gut gerüstet im
November 1989 an die (kritische) Öffentlichkeit. Trotzdem zogen sich die Verhandlungen
einige Jahre hin, nicht nur die Grünen waren gegen Hochhäuser. Nach internationaler Aus-
schreibung bekam die Hochtief AG den 400-Millionen-Auftrag als Generalunternehmer.
Eine Realisierung war aber erst durch Aufteilung der Gesamtinvestition von DM 850 Mio.
möglich. Ein Turm (»Kastor«) wurde an die Deutsche Sparkassen-Immobilien-Anlage
GmbH (DESPA) abgetreten.

Erst fünf Jahre nach dem Kauf konnte mit dem Abbruch der vorhandenen Bebauung
begonnen werden. Um Lärm- und Staubbelästigungen, besonders bei der benachbarten
Frankfurter Messe, zu minimieren, wurde entschieden, die höheren Bauten, einen
12-stöckigen und einen 20-stöckigen Turm, zu sprengen. Der große Knall geriet am Sonntag,
dem 24. April 1994, zu einem spektakulären Ereignis, dem Tausende Zuschauer beiwohnten.
Pünktlich nach Zeitplan wurde drei Jahre später die Einweihung gefeiert. Nur die trans-
lozierte Wandmalerei von Eberhard Schlotter im Foyer von »Kastor« zeugt noch von der
Vergangenheit.

*Der Platz der Einheit
und die Hochhäuser*

077

Ecklösung   Die große Eingangshalle   Fassadenausschnitt

Christian Norberg-Schulz erläutert in seinem Buch über KPF, daß es dem Büro um
die »Versöhnung architektonischer Unabhängigkeit und städtebaulicher Abhängigkeit«
ginge. Dies umzusetzen ist ihnen hier in hohem Maße gelungen. Der höhere Turm wurde
sinnigerweise, entgegen den städtischen Vorgaben, nach hinten versetzt, um den Atriums-
bau entlang der Friedrich-Ebert-Anlage mehr zur Geltung kommen zu lassen. Seine Traufhöhe von 22 Meter und die anschließende, zweigeschossige horizontale Fuge im Schaft
beider Hochhäuser nimmt die Höhe der umgebenden Bebauung auf. Gerade diese Fugen
bereiteten wegen der dort fehlenden Büroflächen dem Bauherren einige Schmerzen, erfreuten
aber das Stadtplanungsamt. Der sanfte Bogen der Rückseiten verbindet beide Brüder
miteinander und reagiert auf die Rundungen des Messeturmes und des Haupteingangs der
Messe. Diese Rückseiten wurden als »harte Außenschale« in Metall, der »weiche Kern« in
Glas konzipiert. In der Ausführung präsentieren sich die Außenseiten mit speziell geformten
Aluminium-Lisenen als Vertikalfassaden und die glatten Innenseiten mit knappen Glas-
leisten als sich gegenseitig spiegelnde Horizontalfassaden. Eine etwa 50.000 Quadratmeter
große vorfabrizierte und speziell entwickelte Curtain-Wall-Fassade mit Sonnenschutzver-
glasung und silber-grau-metallic-lackierten Aluminiumprofilen bildet die Hülle. Als oberer
Abschluß grüßen auskragende Flugdächer zur gigantischen Krone der DG BANK hinüber.

Der begrünte Platz mit dem großzügigen Abgang zur U-Bahn wurde zum größten
Streitpunkt zwischen Stadtplanung und Architekten. Keine sichtbaren Rampenbauwerke
oder Fluchtwege aus der Tiefgarage sollten die öffentliche Fläche zerteilen, also mußten
diese in die Baukörper integriert werden, mit schwerwiegenden konstruktiven und gestalterischen Konsequenzen für die Grundrißaufteilung.

Die beiden Architekturbüros bearbeiteten alle Arbeitsbereiche im Team, wobei
die entwerferische Leistung vorrangig bei KPF lag (Entwurf und Ausführungsplanung),
während NHT mehr die Abstimmung mit den Behörden, den deutschen Normen und
Details sowie die Ausschreibung und die Bauleitung übernahm.

Hochtief als Generalunternehmer hatte bereits umfangreiche Erfahrungen im Frankfurter Hochhausbau gesammelt: von einigen der älteren Hochhäuser über das Torhaus von
O. M. Ungers, den Messeturm, die DG BANK bis zum zeitgleichen Bau der Commerzbank
von Norman Foster. Nur hier könne man »das Know-how für Hochhauskonstruktionen
vertiefen, das bei internationalen Angeboten, wie in Südostasien, dringend gebraucht
werde«, so ein Bauleiter. Beim Bau von Kastor & Pollux ergaben sich keine besonders
schwerwiegenden konstruktiven Probleme. Ausrüstung und technischer Ausbau sind laut
Hochtief »gehobener Standard im Bürobau«: Telekommunikationsnetze aus Glasfaser-
kabeln, Klimaanlage, Sonnenschutzglas und Blendschutzrollos, Doppelboden für Installationen, flexibles Leichtmetall-Trennwandsystem bei einem Ausbauraster von 1,5 Meter.
Die Flurwände wurden auf der Büroseite mit buchenholzfurnierten Wandschränken
versehen. Die Aufzugvorbereiche, Aufzüge und Eingangshalle wurden mit hochwertigen
Terrazzoböden ausgeführt. Getrennte Aufzugsgruppen für untere und obere Geschosse
verkürzen die Wartezeiten.

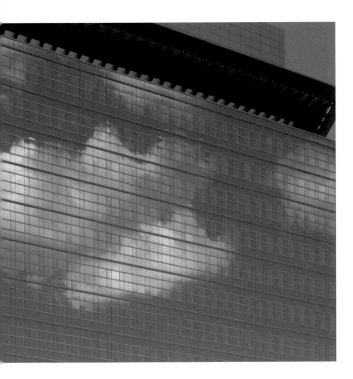

Kastor & Pollux mit dem Messeturm

Der große wirtschaftliche Erfolg der Stadt Frankfurt gründet auf ihrer zentralen Lage innerhalb Deutschlands und Europas, deren Bedeutung weiterhin zunimmt. Daher war die Annahme richtig, daß auch Kastor & Pollux bald vollvermietet ihren Dienst tun würden. Städtebaulich tun sie es schon länger. Die differenzierte Gestaltung ihrer Massen verankert sie im näheren Stadtraum. Auch zur Skyline Frankfurts leisten sie einen gestalterisch bedeutenden Beitrag. Eugene A. Kohn von KPF sprach von einer *sculptural unity*. Nicht nur deshalb heißt der öffentliche Platz zwischen Kastor & Pollux heute Platz der Einheit.

PETER SCHMAL

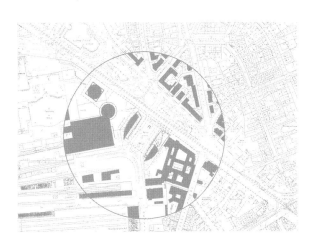

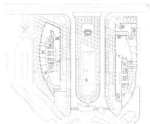

Grundriß

Städtebauliche Situation

Kastor & Pollux Platz der Einheit, Frankfurt am Main   **Bauherren** Despa Deutsche Sparkassen-Immobilien-Anlage-Gesellschaft mbH, Frankfurt am Main; Oppenheim Immobilien-Kapitalanlagegesellschaft mbH, Wiesbaden   **Mit** WPV Baubetreuungs GmbH, Frankfurt am Main   **Architekten** Kohn Pedersen Fox Architects International PA, London / L. Polisano, A. Hausler, P. King, G. Dörr, D. Long; Nägele Hofmann Tiedemann + Partner, Frankfurt am Main / D. Hofmann, F. Netopil, M. Eckebrecht, Th. Geipel   **Statische Berechnung** König + Heunisch, Frankfurt am Main   **Haustechnik** HL-Technik AG, Frankfurt am Main; Reuter + Rührgärtner, Rosbach von der Höhe   **Fassadenplanung** IFFT · Institut für Fassaden-technik, Frankfurt am Main   **Freianlagen und Platzgestaltung** Heinz H. Eckebrecht, Kelkheim

Massivbau, von Lauben flankiert   *Die Hauptfassade zur Lurgiallee*

(Haus der Baugewerkschaft)

ARCHITEKTEN Böge + Lindner-Böge

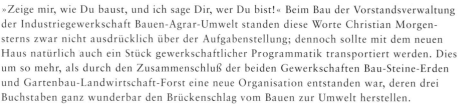
ESSAY Christof Bodenbach

FOTOGRAFIEN Tomas Riehle, Werner Weitzel, Mechthild Zeich

Ein neues Haus für die Männer vom B.A.U.

»Zeige mir, wie Du baust, und ich sage Dir, wer Du bist!« Beim Bau der Vorstandsverwaltung der Industriegewerkschaft Bauen-Agrar-Umwelt standen diese Worte Christian Morgensterns zwar nicht ausdrücklich über der Aufgabenstellung; dennoch sollte mit dem neuen Haus natürlich auch ein Stück gewerkschaftlicher Programmatik transportiert werden. Dies um so mehr, als durch den Zusammenschluß der beiden Gewerkschaften Bau-Steine-Erden und Gartenbau-Landwirtschaft-Forst eine neue Organisation entstanden war, deren drei Buchstaben ganz wunderbar den Brückenschlag vom Bauen zur Umwelt herstellen.

Das angestammte, zu klein gewordene Haus in bester Citylage ließ sich gut vermieten, das Grundstück im erst kürzlich zum neuen Stadtteil erhobenen Gewerbegebiet Mertonviertel am Stadtrand von Frankfurt schien angemessen, auch, weil es sich bei ihm um einen historischen Industriestandort handelte: Seit 1670 wurde hier produziert, mit Blei, Kupfer, Aluminium gearbeitet. Gut 300 Jahre später, 1982, schlossen sich die Werkstore für immer, das Gelände wurde zur Altlast. Die Entscheidung für einen Neubau und das Flächenrecycling einer vordem verseuchten Industriebrache verknüpfte der Bauherr mit Planungsgrundsätzen, die energiesparende und umweltverträgliche Konstruktionen mit der Forderung nach Kommunikation und humanen, gesunden Arbeitsplätzen verbanden. Sechs Architekturbüros wurden aufgefordert, Konzepte zu entwickeln; letztendlich setzten sich die Hamburger Böge + Lindner-Böge durch.

Das größte Problem für die Architekten war die Abwesenheit von Stadt, von Natur, aber auch von Vision, Idee, Traum. Der von Böge + Lindner-Böge stets gesuchte Dialog mit dem vielbeschworenen *genius loci* führte angesichts der nichtssagenden Umgebung im Mertonviertel zu keiner befriedigenden Antwort. Es gab keinen Ort, nicht einmal einen Un-Ort wie den Hannoveraner Raschplatz, dem die dort 1985–90 von den Hamburgern realisierte DG BANK auftrumpfendes Paroli bietet. »Die Sanierung des verseuchten Bodens hat uns zwar ein sauberes, aber auch völlig lebloses Grundstück hinterlassen, ein weißes Blatt Papier sozusagen.« (Jürgen Böge) Diese Ausgangslage veranlaßte die Architekten, das Grundstück als eigene, isolierte Welt zu betrachten und ein »Metamorphose« genanntes Konzept zu entwickeln.

An der im Norden gelegenen Lurgi-Allee bildet das Haus eine schmale, »steinerne Scheibe«, ein gläserner Rundturm markiert den Eingang. Nach Süden hingegen löst sich die Scheibe in Kuben und Höfe auf; eine Allee aus Pyramideneichen, die »natürliche Scheibe«, bildet den südlichen Abschluß und steht im Dialog mit den Holzstützen der Höfe. Die für diesen skulpturalen Entwurfsansatz eminent wichtige Gestaltung der Außenanlagen wurde vom Landschaftsarchitekten Gustav Lange kongenial ausgearbeitet und beeindruckt durch ihre »reduzierte Vielfalt«. Abwechselnd schmale und breite Sandsteinbänder, zweigeschossige Arkaden- und quadratische Lochfenster gliedern die Nordfassade; ein horizontal durchlaufendes Fensterband und ein mehrere Geschosse zusammenfassendes »Kastenfenster« signalisieren unmißverständlich, daß es sich um eine nichttragende, vorgehängte Steinwand handelt. Auf der Südseite zeigen die drei Kuben ihre unterschiedliche Nutzung deutlich: die

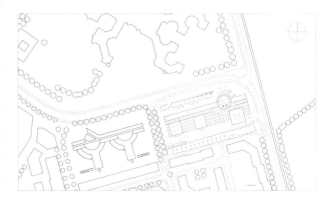

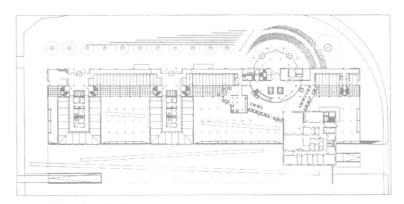

Städtebauliche Situation *Grundriß Erdgeschoß*

beiden westlichen, fremdvermieteten, begnügen sich mit hellem Putz, der östliche, aus der
Flucht tretende Sandsteinwürfel beherbergt ebenso wie die Rotunde den Bauherrn selbst.
Das Wettbewerbsmodell zeigte die Innenhöfe noch als vollständig verglaste, überdimensionale »Wintergärten«. Dieser mittlerweile kontrovers diskutierte Ansatz aus dem Repertoire der passiven Solarenergienutzung wurde während der Bearbeitung fallengelassen.
Die schönen, pflanzenumrankten Holzstützen tragen nun ein offen geschupptes Dach aus
Glaslamellen, die Vertikale ist nur bis zum zweiten Obergeschoß verglast: Die Begrünung
der Höfe sorgt für gute Luft (selbstverständlich gibt es keine Klimaanlage, alle Fenster sind
individuell zu öffnen), ein wenig Schatten im Sommer und eine angenehme Atmosphäre.

Im Inneren des Gebäudes finden sich, wie schon in Hannover, faszinierende Raumbildungen. Die Verkehrszonen der Gewerkschaftsbüros werden durch mehrgeschossige,
kommunikationsfördernde Lufträume miteinander verbunden und durch Glasdächer mit
Tageslicht versorgt. Der hochwertige Innenausbau verbindet natürliche Materialien wie
Naturstein, Putz und Terrakotta mit rauhen Konstruktionen aus Sichtbeton und Stahl;
anspruchsvolle handwerkliche Techniken repräsentieren die Bandbreite des Bauens. Die
kupferverkleideten Aufzugstürme erinnern noch einmal an die industrielle Vergangenheit
des Ortes, maßgeschneiderte Tische und Leuchten unterstreichen den edlen Eindruck. Ganz
oben, über der Halle des Vorstandes, »schwebt« ein quadratisches Betondach; von der
Dachterrasse fällt der Blick hinüber auf die goldenen Kuppeln der märchenhaften Kindertagesstätte des Wiener Anti-Architekten Friedensreich Hundertwasser: auch sie steht auf
ehemals verseuchtem Boden!

Das neue Haus ist schön, gesund und energiesparend; seine Standortwahl ist ein
beispielhafter Beitrag zur Revitalisierung ehemals verseuchter Industriebrachen. Den
Architekten ist es gelungen, einen Nicht-Ort, an dem viele Menschen mehr Zeit verbringen
als in der »echten« Stadt, vor allem innenräumlich aufzuwerten, gestalterisch und sozial.

Die neue Vorstandsverwaltung der IG BAU macht den einschneidenden Wandel
unserer (Arbeits-)Welt deutlich, Fragen drängen sich auf: Was sagen die immer zahlreicheren
arbeitslosen Bauarbeiter zu »ihrem« Haus? Wieso sieht das Gebäude einer Industriegewerkschaft aus wie eine Bank oder Versicherung? Wäre es angemessener, wenn eine
klassische Arbeitnehmerorganisation sich mit weniger aufwendigen Raumbildungen
darstellte? Kein Thema für Architekten?

CHRISTOF BODENBACH

Haus der Baugewerkschaft Olof-Palme-Straße, Frankfurt am Main (Mertonviertel) **Bauherr** Industriegewerkschaft Bauen-Agrar-Umwelt, Frankfurt am Main / Vermögensverwaltungs-
und Treuhandgesellschaft mbH **Architekten** Böge + Lindner-Böge, Hamburg / Jürgen Böge, Ingeborg Lindner-Böge **Mitarbeiter** Mechthild Zeich (Projektleiterin), Arend Buchholz-
Berger, Marita Kahlbohm, Bettina Kunst, Markus Leben, Peter Lehmann, Susanne Szepanski **Tragwerksplanung** Ingenieursoziätet BGS, Frankfurt am Main **Landschaftsplanung**
Gustav Lange, Hamburg

Eine Laube – der Blick hinauf

(Werbeagentur J. Walter Thompson)

ARCHITEKTEN Schneider + Schumacher

ESSAY Enrico Santifaller

FOTOGRAFIEN Jörg Hempel

Schaufenster mit Laufsteg

Eine Fahrt durch die Hanauer Landstraße gleicht einem Eintauchen in die Wirtschafts-
und Baugeschichte Frankfurts der vergangenen 100 Jahre. Die parallel zur Bahnlinie
Frankfurt–Hanau verlaufende, 6.800 Meter lange Straße war und ist seit der Eröffnung
des Osthafens im Jahre 1912 eine der wichtigsten städtischen Entwicklungsachsen. Sie ist
das Mainhattan der Horizontalen, ein stets unfertig wirkender, aber höchst dynamischer
Boulevard sich überlagernder ökonomischer Rationalitäten. Dank der Loftatmosphäre,
der hohen, großzügigen Räume, der günstigen Mieten der das Viertel prägenden Fabrik-
bauten ist die Hanauer Landstraße seit einiger Zeit zur Heimstatt von Design- und Foto-
studios, Verlagen oder avantgardistischen Möbelgeschäften geworden. Spektakulärstes
Beispiel, fast schon eine Ikone für diesen Wandel ist das von den Frankfurter Architekten
Till Schneider und Michael Schumacher entworfene Bürogebäude für die Werbeagentur
J. Walter Thompson.

Die offizielle Hausadresse lautet zwar Schwedlerstraße 6, doch die 66 Meter lange,
etwa 22 Meter hohe, ganz in Glas aufgelöste Nordfassade, die einen ästhetischen Fixpunkt
und eine städtebauliche Dominante weit über das Quartier hinaus setzt, verläuft parallel
zur Hanauer Landstraße. Freilich, dieses Schaufenster, das die Struktur des »Arbeitsregals«
und die Menschen, die es benutzen, sichtbar macht, ist keine im Grunde läßliche, nur auf
Wirkung bedachte Zugabe. Die Glashaut dient mit ihrem hohen akustischen Dämmwert als
Schutz vor dem Lärm der Ausfallstraße und mit dem dahinterliegenden Erschließungsbe-
reich als Wärmepuffer für das ganze Bürohaus. Darüber hinaus sorgt der Bau mit seiner
auffälligen, grünbläulich schimmernden Fassade für eine positive Signalwirkung, wie sie
von einer international tätigen Werbeagentur gefordert wird.

Eigentlich sollte der etwas zurückgesetzt liegende Gebäuderiegel überhaupt nicht
gebaut werden. Geplant war ein Getränkelager: ein zweigeschossiger Lagerbau, praktisch,
billig und obendrein scheinbar dem Ort gemäß. Doch dann wurde das Getränkelager nicht
mehr gebraucht. J. Walter Thompson, die eine neue Bleibe suchten, bekamen den noch gar
nicht errichteten Bau als altes Fabrikgebäude angeboten. Mit Hilfe einer Maklerin stellten
Schneider + Schumacher bald klar, daß das geplante Lager nun absolut nicht den Erfordernissen einer Werbeagentur entspräche und schlugen dem Bauherrn, dem Getränkehändler
Michael Loulakis, und J. Walter Thompson als Nutzer vor, ein völlig neugeplantes Bürohaus zu errichten. Der Vorschlag wurde angenommen, ein langfristiger Mietvertrag unter-
zeichnet, und die Architekten hatten das Glück, ein genau auf die spezifischen Bedürfnisse
des Nutzers abgestimmtes Gebäude bauen zu können.

Der Grundriß ist zweihüftig organisiert und erlaubt eine flexible Nutzung. Ob Einzel-
zimmer, Kombi- oder Großraumbüros – alle Typen ließen sich einrichten. Auch die Südfassade, die aus einer Pfosten-Riegel-Konstruktion besteht, ist raumhoch (wärmeschutz-)
verglast, um maximalen Ausblick und bestmögliche natürliche Belichtung zu gewährleisten.
Die vorgelagerten Balkone dienen als Sonnenschutz und Fluchtweg. Ein außenliegender
variabler Sonnenschutz in Form von Jalousien sichert an heißen Sommertagen eine aus-

Die Hauptfassade in der Dämmerung

Fassadenausschnitt   *Blick hinaus, vom obersten Gang*

reichende Beschattung der Räume. In den Büros garantieren quergestellte Schrankwände mit Glasscheiben an den Ecken Individualität und Ungestörtheit. Zu den Fluren dagegen sind die Wände verglast.

Ähnlich durchkalkuliert wie die horizontale Raumorganisation ist die vertikale Ordnung und die Energiebilanz. Die massiven 30 Zentimeter starken Flachdecken ruhen auf 45 Zentimeter dicken Rundstützen sowie auf fünf in regelmäßigen Abständen angeordneten, gleichzeitig aussteifenden Erschließungs- und Sanitärkernen. Die gesamte Verkabelung verläuft in Doppelböden, abgehängte Decken wurden vermieden. Während die Betondecken als Wärme- und Kältespeicher dienen, wird durch die Doppelböden die Frischluft transportiert. Die thermische Energie der oben abgesaugten Abluft wird an die Zuluft weitergegeben. So kann auf eine Klimaanlage verzichtet werden, und die Betriebskosten sinken.

Aufgabe einer Werbeagentur ist es, Öffentlichkeit für Produkte herzustellen; gleichzeitig müssen Produkte und PR-Strategien vor dem Beginn der Kampagne vor unbefugten Augen geschützt werden. Um diesen gegensätzlichen Ansprüchen gerecht zu werden, stellten die Architekten quer zum Haupthaus ein zweigeschossiges Empfangsgebäude, in dem Verwaltung und Rezeption untergebracht sind. Seine Hauptfunktion ist die einer Schleuse. Erst wenn man diese passiert hat, darf der Besucher in den rund 2,40 Meter tiefen Wintergarten, der zur Erschließung der Büroetagen dient. Der Eindruck ist faszinierend. Doch nicht üppige Dekoration, nicht teure Materialien, nicht formalistische Spielereien fesseln den Besucher, sondern, im Gegenteil, die spannungsvoll inszenierte Sachlichkeit.

Die Konstruktion der aufgehängten Glasfassade ist sichtbar: V-förmige Träger, mit denen die Lasten umgelenkt und in die Dachplatte eingeleitet werden. Die einzelnen Scheiben messen 3,35 x 1,80 Meter und wurden hochkant an Stahlseilen befestigt. Von den Verbindungsspinnen, sogenannten *spiders*, werden die vertikalen Lasten über Klemmhaltevorrichtungen in die Stahlseile übertragen, die jeweils 1,8 Tonnen Gewicht tragen. Horizontal gespannte Rundhohlprofile fangen die Windkräfte ab. Neben der vom Erdgeschoß bis ins Dachgeschoß reichenden einläufigen Treppe und den vorkragenden Balkonen erzeugen vor allem diese Abstandshalter ein flirrendes, ungeheuer komplexes Bild und sind doch nur Teil des Tragsystems.

Die Atmosphäre ist repräsentativ, die Mittel Stahl, Glas, Beton sind bescheiden und – der Umgebung angemessen – roh eingesetzt. So haben Schneider + Schumacher mit einfachen Materialien und vor allem mit einer fast bedingungslos zu nennenden Konsequenz Konstruktion, Organisation, Ästhetik, Energietechnik zu einer ebenso stimmigen wie stimmungsvollen Einheit verbunden, die nicht nur für den Nutzer, sondern auch für gute Architektur ein Schaufenster ist. Daß der doch provokante Balanceakt zwischen Individualität und Firmenkollektiv auch intern gelungen ist, belegen Äußerungen des Geschäftsführers und der Betriebsratvorsitzenden, die beide von mehr Teamgeist, mehr Rücksichtnahme, mehr Freundlichkeit unter den Kollegen seit dem Umzug sprechen.

Werbeagentur J. Walter Thompson Schwedlerstraße, Frankfurt am Main (Ostend)   **Bauherr** Michael Loulakis, Frankfurt am Main   **Architekten** Schneider + Schumacher, Frankfurt am Main / Michael Schumacher, Till Schneider   **Mitarbeiter** Karen Ehlers, Petra Pfeiffer, Beate Hoyer, Kristin Dirschl, Matthew O'Malia, Richard Voss, Marcel Eckert, Heike Heinzelmann **Fassadenstatik und Haustechnikplanung** Arup, Düsseldorf

Glas und Stahl und noch mehr Glas –
der vertikale Erschließungsraum

Ihnen allen dient die vom Erd- bis zum Dachgeschoß ansteigende »Fred-Astaire-Treppe« (Schneider + Schumacher) als Laufsteg. Neben den offenen Galerien, die sich in Abständen zu Podesten weiten und so zum informellen Gespräch einladen, dient diese Schautreppe zur Kommunikation nach innen und nach außen. Für die Brandschützer ist sie Fluchtweg, für die Nutzer zusätzliche Erschließung, sie hat aber auch eine städtebauliche Funktion. Denn dieser Anstieg ist der Treppe eines ebenfalls an der Südseite der Hanauer Landstraße gelegenen Baus entlehnt, der als Meisterwerk der Nachkriegsarchitektur gilt: Egon Eiermanns Gebäude für das Versandhaus Neckermann. Mit der fast atemberaubend selbstverständlichen Verbindung von Arbeitswelt und Eleganz des von Schneider + Schumacher entworfenen Bürohauses wird die Hanauer Landstraße um ein Meisterwerk bereichert. Es ergänzt den leisen Zweiklang von Eiermanns Versandhausgebäude und Martin Elsässers Großmarkthalle nach der Eisenbahnbrücke zu einem mächtigen Akkord, der Harmonie in dieses dissonante Stück Stadt bringt.

ENRICO SANTIFALLER

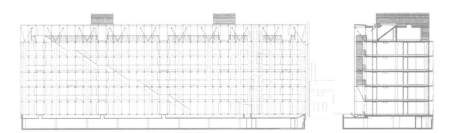

Ansicht Nord zur Hanauer Landstraße und Schnitt

Grundriß Erdgeschoß

Polizei-
präsidium

ARCHITEKTEN Kalmbacher + Ludwig und
KSP Engel und Zimmermann

Nach einer zwanzig Jahre andauernden Diskussion über die Verbesserung
der Arbeitsplatzsituation der Frankfurter Polizei wurde 1995 ein europa-
weiter Realisierungswettbewerb für das neue Polizeipräsidium der Stadt
Frankfurt am Main durchgeführt. Die über das Stadtgebiet verteilten Dienst-
stellen sollten auf dem ehemaligen Post-Exchange-Gelände an der Kreuzung
von Eschersheimer Landstraße und Adickesallee vereint werden. Begleitet
von den Worten des Planungsdezernenten der Stadt Frankfurt, Martin Wentz,
einen Baustein für ein »neues Rückgrat« für die Entwicklung der Stadt
nördlich der Adickesallee gefunden zu haben, wurden die Architekten
Kalmbacher + Ludwig mit dem ersten Preis ausgezeichnet. Die Planungsgemeinschaft Kalmbacher + Ludwig und KSP Engel und Zimmermann wurde mit der
weiteren Planung beauftragt.
Das Gebäude ist ähnlich wie die solitärhaften Verwaltungsbauten entlang
der Adickesallee als Objekt konzipiert und nimmt in seiner horizontalen
Ausdehnung die Raumkanten der in direkter Nachbarschaft liegenden
Siedlungsstrukturen der zwanziger Jahre auf. Das Gebäude setzt die über-
geordnete städtebauliche Idee einer Kette von Solitären entlang der
Adickesallee, des ehemals als Ministeriengürtel geplanten Gebiets, fort
und führt über seine Größe wie durch die zwei Geschosse zusammenfassende
Backsteinstruktur der äußeren Fassade einen größeren Maßstab ein.
Der Haupteingang ist nach Süden zur Adickesallee durch einen liegenden
zweigeschossigen Einschnitt gekennzeichnet und öffnet das Haus zu einem
großzügigen Eingangshof, über den die in der Längsachse des Gebäudes
plazierte Erschließungsspange betreten wird. In diesem Übergang von Außen
nach Innen erschließt sich dem Besucher die Struktur des Polizeipräsidiums,
das in seiner Abfolge immer transparenter werdender Fassadentypologien
zur völligen Entmaterialisierung der komplett verglasten Erschließungsspange führt. Die Erschließung der einzelnen Abteilungen von Innen nach
Außen ist das wesentliche Merkmal des Entwurfs. Mit minimalen Verkehrs-
flächen schafft dies nicht nur optimale Wirtschaftlichkeit, sondern führt
vor allem über die somit möglichen begrünten Höfe zu einer großzügig
belichteten und belüfteten Bürowelt mit hoher Arbeitsplatzqualität. Diese
Öffnung zu einem grünen Inneren wie auch die Führung der Besucher und
Mitarbeiter aus der Mitte des Gebäudes heraus sind als Antworten auf das
Grundstück zu verstehen, das durch die beiden Hauptverkehrsadern Eschersheimer Landstraße und Adickesallee hohen Lärm- und Schadstoffemissionen
ausgesetzt ist.
Die vertiefende Bearbeitung und Ausformulierung des klar strukturierten
Baukörpers findet in der Beschränkung auf wenige Materialien und Details
seinen Ausdruck und Charakter. Der Innenausbau mit hellen Materialien,
Ahornfurnier, zu öffnenden Holzfenstern erzeugt eine angenehme Arbeits-
atmosphäre. Der technische Ausbau erfolgt nach den Richtlinien für energie-
sparendes Bauen.

Haupteingang

Modellfoto

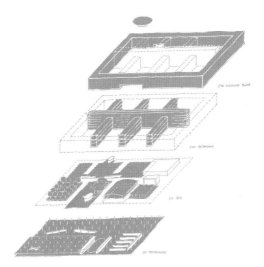

Hof   *Aufbau des Gebäudes*

Projekt Neubau Polizeipräsidium Adickesallee / Eschersheimer Landstraße, Frankfurt am Main   **Bauherr** Land Hessen / Staatliche Neubauleitung Polizeipräsidium Frankfurt am Main
Architekten Wettbewerb Kalmbacher + Ludwig, Frankfurt am Main   **Architekten Planung** Planungsgemeinschaft Kalmbacher + Ludwig und KSP Engel und Zimmermann, Frankfurt am Main   **Mitarbeiter Planung** Heinz Mornhinweg, Andrea Aretz, Ute von Charbert, Kristina Debus, Oktavia Galinke, Olaf Hoffmann, Corinna Maier, Franz Neudeck, Bettina Randelzhofer, Frank Röper, Frank Rudolf, Stefan Scheiding, Christina Stellmacher   **Tragwerksplanung** Thürauf + Partner, Frankfurt am Main   **Außenanlagen** Ipach + Dreibusch, Neu-Isenburg

Urban
Entertainment
Center

ABB ARCHITEKTEN Scheid Schmidt + Partner

Bei dem Urban Entertainment Center, UEC, handelt es sich um einen Frei-
zeit- und Erlebniskomplex, der bis zum Jahr 2001 im Bereich des ehemaligen
Güterbahnhofs in Frankfurt entstehen wird. In unmittelbarer Nähe zum
Haupteingang der Messe mit der historischen Festhalle und dem Messeturm
(Architekten Murphy+Jahn) sollen ein Musicaltheater, ein Multiplexkino,
ein Konferenzzentrum und ein Hotel, Wellnesseinrichtungen, Restaurants,
Büros, Läden und Wohnungen errichtet werden. Zu dem Komplex gehören auch
ein unterirdischer Busbahnhof und eine Tiefgarage. Untergebracht werden
alle diese Nutzungen in einem im Grundriß spiralförmig ausgebildeten,
siebengeschossigen Gebäude und in zwei Türmen von 190 beziehungsweise
160 Metern Höhe.
Gelegen an der Schnittstelle zwischen der gründerzeitlichen Innenstadt
mit ihrer kompakten Bebauung und den nach 1945 entwickelten, bislang
baulich eher fragmentierten Teilen der Stadt, sieht das städtebauliche
Konzept für das Gelände des ehemaligen Güterbahnhofs die Entstehung eines
dichten, betont urbanen Quartiers vor. Der Neubau des UEC soll die
Straßen und Plätze in seiner Umgebung räumlich fassen und durch die Hochhäuser zugleich neue Bezugspunkte schaffen.

Städtebauliche Situation

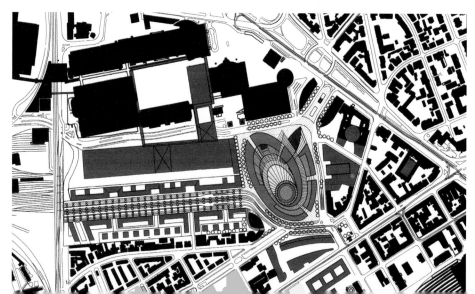

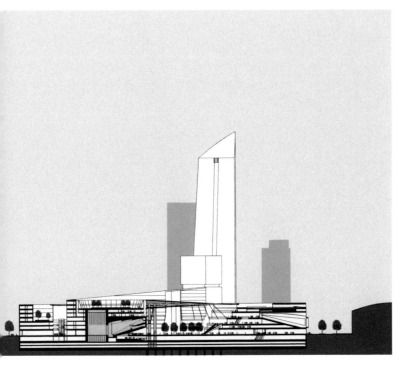 

Schnitt   *Ansicht*

Die aus der Innenstadt kommenden Besucher werden das UEC vornehmlich über
die Friedrich-Ebert-Anlage und den Platz der Einheit im Brennpunkt der
Hochhäuser Kastor & Pollux (Architekten KPF & NHT) erreichen. Großzügig öffnet
sich ihnen hier die »Spirale«. Doch auch wenn man sich dem UEC über den
neu geplanten Boulevard von der Mainzer Landstraße nähert, wird ein weiter
Blick in sein Inneres mit dem in der Hauptachse der Anlage liegenden
Musicaltheater und der Plaza möglich.
Die sich zum Mittelpunkt des Komplexes hin kontinuierlich aufweitende
»Spirale« führt die Besucher durch alle Bereiche der neuen Einkaufs-
und Unterhaltungswelt. Im Zentrum liegt die großzügige, mit einer durch-
sichtigen Membran überdeckte Plaza mit ihren Restaurants und Cafés. Auf
der entgegengesetzten Seite befinden sich Geschäfte, Kinos und Fitneß-
einrichtungen. Abgeschlossen wird die Spiralbewegung des Baukörpers durch
das erste, auf der Achse des Platzes der Einheit plazierte Hochhaus mit
Hotel und Wohnungen. Der zweite, etwas niedrigere Turm orientiert sich
zur Mainzer Landstraße. Er soll Büros aufnehmen.

Projekt Urban Entertainment Center Neuer Stadtteil Messe, Frankfurt am Main   **Bauherr / Projektentwickler** Eisenbahn Immobilien Management GmbH, Trizec Hahn Europe GmbH und Stella Musical AG, Frankfurt am Main   **Architekten** ABB Architekten Heinz Scheid Johannes Schmidt + Partner, Frankfurt am Main   **Team** Heinz Scheid, Michael Beye, Christian Klohk, Dragi Kornic, Henric Oldekop, Marianna Reinsch, Marcus Ritter, Lukas Scheid, Göran Vöpel, Andreas Wolf

Sagen wir doch wie es ist: Sossenheim ist heute eine von zwei Chemie-Giganten flankierte, bewohnte Durchgangsstraße mit starkem Verkehrsaufkommen, die zudem im Osten und im Norden von Autobahnen begrenzt wird. Der gesamte Leicht- und Schwerverkehr von Frankfurt zu Höchst und vom Vordertaunus nach Frankfurt und zu Höchst kracht und donnert durch die beiden T-förmig zueinander liegenden Hauptstraßen, die ja – wie sollte es anders sein – noch die Breite aus früheren Dorfzeiten haben. Besonders schmal sind die Bürgersteige. Da gibt es nichts mehr zu steigen für den Bürger. Schon gar nicht zu zweit nebeneinander. Hintereinander immer an der Wand lang muß man sich drücken, will man nicht Gefahr laufen, daß die in unaufhörlicher Reihe vorbeiwuchtenden Ungetüme einem beiläufig Arm oder Ohr abschlammern.

und sein »Last exit Sossenheim«

In den 80er Jahren war heftig gestritten worden um eine Südumgehung, also eine Entlastungsstraße durch die Niddaauen. Gottlob wurde sie verhindert! So gräßlich diese gottverdammte Rumkutscherei dieser stinkenden Blechhaufen durch Wohngebiete auch ist, in unserem Fall ist sie das kleinere Übel. Denn diese Au da draußen, da darf mir keiner ran! Nur fünf Minuten von zu Hause laufe ich im Sommer durch wogende Kornfelder, die von Obststreuwiesen unterbrochen werden. Ein Meter von mir bricht in letzter Sekunde – wie das so seine Art ist – ein Rebhuhn, das sich am Feldrain gesonnt hat, zur Flucht auf und tut dies mit einem so gewaltigen Geknatter, daß ich zu Tode erschrecke. Ein zweites Huhn folgt. Ich schaue ihrem schweren Geflatter nach und erblicke im Hintergrund die Skyline. Ich bin in Frankfurt. Das ist mir das chemiebedrohte Höllengetobe im Ort wert.

[Siedlung **Goldstein-Süd**]

ARCHITEKTEN Frank O. Gehry und Laurie D. Olin

ESSAY Manuel Cuadra

FOTOGRAFIEN Alexander Kochansky

Bilbao am Main

Nicht am Ufer des Nervión im baskischen Bilbao, wie man erst einmal glaubt, sondern unweit des Mains am Stadtrand von Frankfurt befinden sich die üppigen in Metall verkleideten Formen. Wider Erwarten gehören sie also nicht zum jüngsten Ableger des New Yorker Guggenheim Museums in Europa, dessen medienwirksame Eröffnung weltweit für Furore sorgte, sondern zu einer Wohnanlage mit insgesamt 162 Sozialwohnungen. Und doch täuscht die Ähnlichkeit nicht: Wie das baskische Kulturhaus so ist auch die Siedlung Goldstein-Süd ein Werk des amerikanischen Architekten Frank Gehry. Wer angesichts der für Sozialwohnungen unüblichen Formenpracht allerdings ein reines Prestigeprojekt vermutet, das inhaltlich keinen Sinn machen kann, der kennt Frank Gehry nicht. Tatsächlich sind die einprägsamen Formen nicht mehr als der oberflächliche Ausdruck eines Konzeptes städtebaulicher, landschaftlicher und architektonischer Art, das es in sich hat. Für die Güte des Entwurfes spricht auch die Mitwirkung des Landschaftsarchitekten Laurie Olin.

Was man vor Ort spontan als ein freundliches Quartier mit ungewohnt vielfältigen Räumen und Gebäuden von hoher Individualität erlebt, erweist sich auch bei näherer Betrachtung als eine durch und durch solide Planung. Am besten ist die Stellung der Neubauten am Rande einer Großsiedlung aus den siebziger Jahren zwischen der breiten Straßburger Straße und dem Schwanheimer Wald im Lageplan zu erkennen. Dort sieht man auch, daß das zur Verfügung stehende Gelände aus zwei diagonal versetzten Restflächen bestand. Bis vor kurzem hatte man dieses seltsam zugeschnittene Areal für eine inzwischen nicht mehr benötigte Schule freigehalten. Statt das eine Quadrat zu einem Park zu erklären und das andere zu bebauen, wie zunächst beabsichtigt, schlugen Gehry und Olin jedoch vor, die Gebäude auf beide Flächen zu verteilen und sie dafür zu nutzen, die öffentlichen Wege und Plätze räumlich zu fassen.

Als erstes zogen Gehry und Olin zwei Hauptachsen durch das Gelände. Die vom Wald ausgehend leicht verdrehte Nord-Süd-Achse wurde als ein Grünzug ausgeführt. Die eher städtische Ost-West-Achse erhielt dagegen die Form einer Allee mit drei Baumreihen. Sie nimmt den Verlauf der Straßen auf und führt direkt zur geplanten Haltestelle der Straßenbahn. Nicht über Asphalt sollten die Menschen in Zukunft also zur Haltestelle laufen müssen, sondern sie sollten gerne dorthin promenieren und, wenn sie wollten, zwischendurch auch einen Halt machen können. An der Kreuzung zwischen Grünzug und Allee ist dafür ein kleiner Platz mit Bäumen und Bänken vorgesehen. Auch von kleinen sympathischen Gesten wie dieser lebt das städtebauliche Konzept. Der Stadtraum ist für Gehry und Olin offensichtlich weder ein Selbstzweck noch eine Restfläche: Er ist ein bewußt gewollter, geformter und ausgestalteter Ort der Gemeinschaft. Aufgabe der Stadtplanung ist es, die erforderlichen Räume zur Verfügung zu stellen. Die Architektur hat dafür zu sorgen, daß die Menschen den öffentlichen Raum auch tatsächlich als solchen erkennen. Voraussetzung dafür ist ein fließender Übergang von der Stadtplanung zur Architektur, ja ein Miteinander von Stadtplanung und Architektur. Frank Gehry und Laurie Olin führen in Goldstein-Süd vor, wie fruchtbar ein solches Miteinander sein kann.

Blech und Putz und Farbe –
ein Fassadendetail

Baulich besteht die Wohnanlage aus vier großen Blöcken, sechs Punkthäusern und mehreren Fahrrad- und Müllhäuschen. Die Blöcke wurden paarweise zu zwei im Grundriß L-förmigen Baukörpern zusammengefaßt. Sie stehen Scheitel an Scheitel und umfassen jeder für sich einen Hof. Die nach außen gerichteten, offen gebliebenen Seiten werden von den Punkthäusern ansatzweise geschlossen. Mal stehen diese frei im Raum, mal leicht verdreht am Kopf eines Blocks. Wenn die Wohnanlage vor Ort komplexer erscheint, als sie tatsächlich ist, dann auch wegen der geschickt positionierten Punktbauten, die jeden Eindruck von Regelmäßigkeit verhindern.

Im Mittelpunkt des ersten, zum Wald hin orientierten Hofs befindet sich ein Hügel. Ursprünglich sollte er mit dem Abraum der geplanten, aber nicht ausgeführten Tiefgarage aufgeschüttet werden. Vom Wald aus kommend umlaufen die Wege diesen Hügel, treffen sich im Scheitel und führen über den zentralen Platz der Anlage hinüber in den zweiten Hof. Zwischen den höhergelegten Wegen und den Wohnblöcken entstand ein Graben. Blechüberdachte Brücken führen über diesen Graben in die Häuser. Die Theatralik der Lösung weist darauf hin, daß die Architekten in den Brücken mehr als praktisch notwendige Konstruktionen sehen, nämlich Symbole einer innigen Verbindung zwischen den Häusern und dem öffentlichen Raum. In diesem Bild wird das Blech zu dem eigentlichen, die wesentlichen Bestandteile der Stadt zusammenfügenden Element. Die Benutzung von Blech auch bei der Ausgestaltung der Balkone stellt eine Beziehung zwischen dem öffentlichen Raum und jeder einzelnen Wohnung her.

Im zweiten Hof bildet ein Kinderspielplatz den Mittelpunkt. Mangels Brücken haben die Architekten hier nicht nur die Hauseingänge und die Balkone – den »Mund« und die »Augen« und »Ohren« der Häuser also – mit Blech verkleidet, sondern auch die Treppenhäuser. Diese werden dadurch zu einer Art von hochgeklappten Brücken. Was als Zierat gedeutet werden kann, erweist sich also als bedeutungsvolles, die Verbindung zwischen öffentlichem und privatem Raum betonendes Element.

Geradezu ernüchternd wirkt im Vergleich zu so viel Einfallsreichtum die funktionale und konstruktive Lösung. Tatsächlich könnte der Kontrast zwischen der räumlichen und formalen Vielfalt des Ganzen und der durch und durch konventionellen Ausführungsplanung kaum krasser sein. Das eigentlich Erstaunliche ist jedoch, daß das städtebauliche Konzept der Architekten stark genug war, eine solche Ausführung zu überleben. Schmerzlich bleibt, daß die geplante Tiefgarage gestrichen werden mußte. Die erforderlichen Parkplätze wurden nämlich daraufhin oberirdisch ausgewiesen. Dort aber verwässern sie das Konzept einer autofreien, den Fußgängern vorbehaltenen Zone.

Das Fazit aber bleibt positiv. Der sehr gute Zustand der Anlage, das Ausbleiben also jedweder Form von Vandalismus, zeugt von der Identifikation der Menschen mit ihrem Lebensraum und von ihrer Zufriedenheit – was alles andere als selbstverständlich ist und nur ein Prädikat verdient: Goldwert.

MANUEL CUADRA

Städtebauliche Struktur

Grundriß Erdgeschoß eines Wohnblocks

Siedlung Goldstein-Süd Straßburger Straße, Frankfurt am Main (Goldstein)   **Bauherr** Nassauische Heimstätte Wohnungs- und Entwicklungsgesellschaft mbH, Frankfurt am Main
Architekt Frank O. Gehry, Santa Monica   **Landschaftsarchitekt** Laurie D. Olin, Philadelphia   **Durchführung** Nassauische Heimstätte, Frankfurt am Main / Andreas Varnai

Brücke und Hof, von innen nach außen   *Ecke, ganz in Blech*

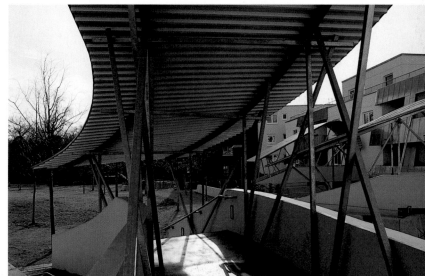

Brücke und Hof, von außen nach innen   *... und nochmals von innen nach außen*

Sozialer Wohnungsbau in (Bonames)

ARCHITEKTEN Kramm + Strigl

ESSAY Klaus Honold

FOTOGRAFIEN Rüdiger Kramm

Im besten Sinne fehl am Platz

Wohnungsgrundriß, Isometrie

Bonames ist Frankfurts trauriger Rest. Ein Dörfchen, das sich von seinem Ursprung längst entfernt hat, ohne eigentlich über seine Grenzen hinausgelangt zu sein; es flockt nicht aus wie andere Dörfer der Agglomeration, die Städtisches aufsaugen und so, wie auch immer, ein neues Gesicht gewinnen. Bonames ist der Norden, die Landschaft nimmt hier Anlauf mit Wellen aus Senke und Kuppe; so karg geht es zu, daß die Türme Frankfurts in einem eigentümlich zerpflückten Panorama stets sichtbar bleiben. Der Blick überbrückt die Distanz nicht, er zeigt sie. Und Frankfurt schickt nach Bonames den traurigen Rest seiner Bevölkerung.

Die fünf schräggestellten Blocks mit öffentlich geförderten Mietwohnungen, die Rüdiger Kramm hier aufgerichtet hat, stoßen mit dem Kopf auf einen trostlosen Plattenbau – tatsächlich wirkt er wie ein im Westen abgekipptes DDR-Modell –, in dem Menschen gesammelt und verwahrt werden, Menschen, die über sich selbst nichts mehr berichten können, Verwirrte, Entwurzelte, Obdachlose: die unverschuldet Unmündigen. Gegenüber schneckenartig in sich gedrehte Reihenhausbänder. Fragt man dort, wer drüben wohnt, nur Schritte weiter, lautet die Antwort: Das wissen wir nicht. Was heißen soll: Das wollen wir nicht wissen.

Eine Wohnung

Kramms Zeilen wenden sich dem mit einiger Strenge zu; die Kopfwände sind fensterlos. Doch die Höfe zwischen den Blöcken laden auch die Nachbarschaft ein; die schräggestellten Bauten greifen wie mit offenen Armen nach der Umgebung: eine bezwingende Figur. Die Anordnung ist denkbar einfach; sie kann umstandslos verstanden werden.

Ein funktionaler, sozialer und ästhetischer Gewinn ist der schlichten Gestalt des Quaders zu verdanken. Dem sind auf der einen Seite die Treppenhäuser (mit je eigenen Farbstreifen) vorgeblendet, Stiegen, die um eine Sichtbetonscheibe herumklettern; auf der anderen Seite die Rechteckgerüste der Balkone und Veranden. Unterm Dach tragen die Häuser Stirnbänder aus Fenstern und Holzpaneelen; das Dach kragt weit aus und schärft so den ambivalenten Eindruck eines zugleich geschützten und offenen Wohnens.

Ausschnitt aus einer Südfassade

Ein Wohnblock, Südseite   Fassadenausschnitt

Denn wer sich hier einrichtet, offenbart, was ihm zu eigen ist. Angefangen bei
den Terrassen im Erdgeschoß ist das Leben der Leute ablesbar: Gartenzwerg und Kunstroll-
rasen, Fahrrädchen und Plastiksessel, Satellitenschüssel, Spanntücher, Blumenkübel,
Planschbecken; ein Sammelsurium von Kitsch und Sperrmüll erzählt von dem geradezu
rührenden Bemühen, der auch hier drohenden Anonymität zu widerstehen. »Ist das nicht
gut so?«, fragt Kramm und erträgt auch erste Anzeichen von Verwilderung. Die Zur-
schaustellung hat an einem Ort wie Bonames alles Spielerische verloren, sie kann nur
provokativ begriffen werden: Hier wird niemand versteckt.

Kramms Zeilen sind kompromißlos; die Bauten beweisen einen klaren städtischen
Duktus. Das Selbstbewußtsein, das sie formulieren, soll sich auf ihre Bewohner übertragen.
Die Architektur erscheint im besten Sinne fehl am Platz, und indem diese Häuser aus-
sprechen, daß sie eigentlich nicht hierher gehören, treten sie auch mit Nachdruck dafür
ein, daß die Menschen, die hierher abgeschoben wurden, ihren Platz inmitten der städtischen
Gesellschaft haben.

Nun kann Architektur die ökonomischen Bedingungen der Gesellschaft nicht
umstülpen. Aus diesem Dilemma heraus hat Kramm versucht, den Abgeschobenen ungewöhnliche Freiräume zu gewähren; von »optionalem Wohnen« spricht der Planer, das soll
dem Mieter, etwa alleinerziehenden Müttern oder Vätern, ermöglichen, sich dank leicht
veränderbarer Etagengrundrisse zu Wohngemeinschaften zusammenzuschließen. Viele
Optionen freilich bleiben ungenutzt. Die Gemeinschaftsräume, die Kramm dort angesiedelt
hat, wo die Zeilen ihr Umfeld auffangen, stehen allesamt leer. Der Garten, der einer
anmutig geformten Kindertagesstätte grünen Auslauf hätte bieten sollen, verkrautet hinter
unfreundlichen Zäunen. Der Hausherr, eine Immobiliengesellschaft, kehrt die Intentionen
geradezu um durch ein hartes Regime, das sich in einem Wald von Verbotsschildern meldet:
»Wer Mauern und Wände beschmiert, wird strafrechtlich verfolgt!«

Doch es liegt wohl nicht an solchen Mahnungen der Obrigkeit, sondern an der
Nachhaltigkeit der architektonischen Qualität, daß gerade jene Elemente, die das Freudlose
des sozialen Wohnungsbaus übersteigen, auch nach Jahren noch bar jeder Verletzung sind.
Kein Kratzer im Holz, keine Beule in den filigranen Blechen, die, zum Beispiel, die Keh-
richtanlagen verschließen. Was aus seinen Häusern werde, habe der Architekt nicht
in der Hand – sagt Kramm. Die Bewohner von Bonames widerlegen ihn: indem sie seine
Architektur bestätigen.

KLAUS HONOLD

Sozialer Wohnungsbau in Niedrigenergiebauweise Am Burghof / Brandhöfchen, Frankfurt am Main (Bonames) **Bauherren** Walter + Walter, Anwaltskanzlei, Frankfurt am Main
Architekt Kramm + Strigl, Darmstadt / Rüdiger Kramm **Projektarchitekt** Matthias Karch **Mitarbeiter** Silke Dölle, Gabi Schönherr, Thomas von Sierakowski, Gottfried Wacker
Tragwerksplaner Dr. Keller, Darmstadt **Haustechnik** Ing. Rexroth, Dreieich **Bauphysik** ITA, Dr. Sälzer, Wiesbaden

Städtebauliche Situation

Die Bebauung Am Burghof

Blick in die Wohnanlage

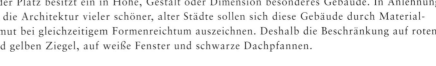

(Parkstadt [Unterliederbach])

ARCHITEKTEN Wolfgang Rang / Berghof Landes Rang

ESSAY Harald Kloetsch

FOTOGRAFIEN Ivan Nemec

Grundstein eines neuen Stadtteils

Die Parkstadt Unterliederbach, ein neuer Stadtteil in Frankfurt mit zirca 10.000 Einwohnern, soll langfristig aus drei Wohngebieten bestehen, die einen großen Park umschließen. Der erste, inzwischen teilweise fertiggestellte Bauabschnitt, die sogenannte Parkstadt I, besteht aus 900 Wohneinheiten. Ziel der Planung der Parkstadt I war, ein Quartier zu bauen, das in besonderer Weise auf die emotionalen Bedürfnisse der Bewohner eingeht. Was darunter zu verstehen ist und wie dies im Rahmen des Projektes städtebaulich und architektonisch umgesetzt werden sollte, wurde in mehreren Kolloquien diskutiert und in Form eines Regelwerks festgehalten. Dieses Regelwerk wurde den an der Planung beteiligten 18 Architekturbüros als Anregung an die Hand gegeben. Einige der in ihm vorgegebenen Themen lauteten:
Orientierung: Wahrzeichen sind notwendig, um die Orientierung zu erleichtern und um Heimatgefühl zu erzeugen.
Verborgene Entfernungen: Ein Weg wird als angenehm empfunden, wenn er sich – wie bei einer Wanderung im Gebirge – optisch nur allmählich erschließt.
Gemeinschaftsgefühl: Informelle Begegnungsmöglichkeiten beispielsweise an stillen Winkeln sind wichtig und müssen genauso vorhanden sein wie »Beobachtungsposten«.
Individuelle Freiräume: Die Qualität einer Wohnung hängt auch davon ab, ob gut nutzbare intime Außenräume vorhanden sind.
Symbole: Archetypen beeinflussen das Gefühl für einen Ort und das Verhalten der Menschen.
Neugier: Zur Entfaltung seiner Phantasie braucht der Mensch Umgebungen, die nicht auf den ersten Blick alles offenbaren, die neugierig machen auf mehr.
Mannigfaltigkeit: Abwechslung – und die Veränderung des Lichts im Tagesverlauf gehört dazu – wirkt belebend.
Gemeinschaftsbereiche: Als Individuum wie auch als »Herdentier« braucht der Mensch die Begegnung mit anderen Menschen; gleichzeitig muß er die Möglichkeit haben, »unterzutauchen«.
Identifikation: Durch spezifische Merkmale, die woanders nicht zu finden sind, wird ein Stadtviertel attraktiv.

Städtebaulich besteht das unter diesen Bedingungen entstandene Projekt für die Parkstadt I aus einem Netz von Straßen und Plätzen. Zusammengehalten wird das Wohngebiet durch ein etwa 1,3 Kilometer langes Arkadenband, an dem eine Kindertagesstätte, Läden, Restaurants, Arztpraxen, eine Apotheke, eine Fahrschule, ein Frisör, Büros und nicht störendes Gewerbe liegen.

Zu den geplanten Plätzen gehört ein »barocker« halbrunder Platz, ein rechtwinkliger »Renaissance«-Platz, ein »gründerzeitlicher« »Platz der Bäume« und ein »Stufenplatz«. Jeder Platz besitzt ein in Höhe, Gestalt oder Dimension besonderes Gebäude. In Anlehnung an die Architektur vieler schöner, alter Städte sollen sich diese Gebäude durch Materialarmut bei gleichzeitigem Formenreichtum auszeichnen. Deshalb die Beschränkung auf roten und gelben Ziegel, auf weiße Fenster und schwarze Dachpfannen.

Fassadenausschnitt

Nach Norden wird der bereits fertiggestellte Tropfenplatz durch einzelne Baukörper, die unter einem großen Dach stehen, definiert. Jeder dieser Baukörper zeichnet sich durch eine einprägsame Form und durch eine besondere Beziehung zum öffentlichen Raum beispielsweise mittels Balkonen aus. Zwischen den einzelnen Baukörpern liegen großzügig dimensionierte Treppenhäuser, die auch als Räume der Begegnung dienen. Von außen her kommend wirkt der Platz noch geschlossen. Befindet man sich jedoch auf ihm, öffnet sich der Raum zum Taunus, zum zentralen Park, zur Stadtmauer und zum angrenzenden Silo-bad. Um die geschwungene Form des Tropfenplatzes nach Süden hin zu betonen, staffeln sich die Baukörper reliefartig zurück. Großkronige Bäume markieren die Eingänge auf den Steinplatz; an einer Wasserader, die mit Regenwasser gespeist wird, liegen ein Restaurant, eine Eisdiele und mehrere kleine Läden.

HARALD KLOETSCH

Parkstadt Unterliederbach Unterliederbach, Frankfurt am Main **Bauherr** Hoechst Bauen und Wohnen GmbH, Harald Kloetsch **Städtebauliche Idee, Oberleitung und Koordination** Harald Kloetsch, Wolfgang Rang **Erschließungsplanung** Frankfurter Aufbau AG **Stadtlicht** Lichtlabor Bartenbach, Innsbruck **Vorhabenbezogener Bebauungsplan** Wolfgang Rang in Berghof Landes Rang, seit Juli 1996 Atelier Wolfgang Rang, Frankfurt am Main **Mitarbeiter** Bernd Gergull, Christa Kühn **Planung 1. und 2. Bauabschnitt Architekt** Wolfgang Rang in Berghof Landes Rang, seit Juli 1996 Atelier Wolfgang Rang, Frankfurt am Main **Mitarbeiter** Thomas Baumgarten, Kim Duchscherer, Bernd Gergull, Angela Keiser, Christa Kühn **Landschaftsarchitekten VB-Plan** Hanke Kappes Heide, Sulzbach **Tragwerksplaner** Bollinger + Grohmann, Frankfurt am Main **Haustechnik** GM Planen + Beraten GmbH, Griesheim

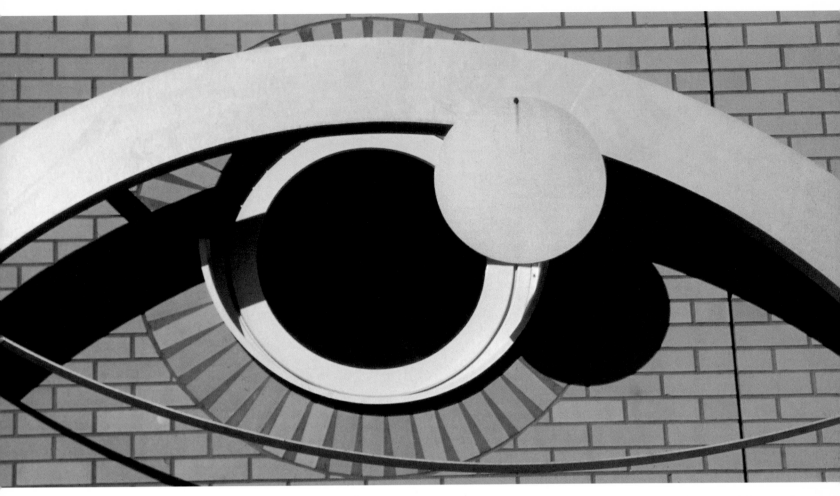

Fenster und Sonnenschutz

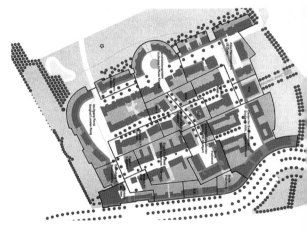

Städtebauliche Struktur

(Siedlung Zeilsheim)

ARCHITEKTEN Scheffler Warschauer + Partner

ESSAY Christof Bodenbach

FOTOGRAFIEN Peter Seidel

Behutsam wird das Alte neu

Tief im Westen der Mainmetropole, wo der Stadtrand zerfasert und allmählich ländlich
wird, wo nach Rem Koolhaas und Cedric Price das städtebauliche Potential der Zukunft zu
finden ist, dort, im *urban sprawl*, liegt Zeilsheim. Wer im Frühjahr 1995 durch diesen
noch immer dörflich geprägten Stadtteil Frankfurts spazierte, der fand im Straßendreieck
zwischen Pflugspfad und Pfaffenwiese eine Baustelle der ungewöhnlichen Art: Als ob
man den Azubis mal an einem Tag zeigen wollte, was auf dem Bau zwischen Abriß und
Schlüsselübergabe so alles passiert, gab es hier Bestand, Abbruch und Neubau nebeneinander zu sehen. Am Pflugspfad duckten sich noch die braungrauen, zweistöckigen Putz-
bauten unter ihre flachgeneigten Dächer; narbige Häuschen, die den letzten und vorletzten
Anstrich längst nicht mehr halten konnten. Wenige, noch bewohnte, wirkten wie übrig-
geblieben aus einer anderen Zeit. Ein paar Meter weiter, halb eingerissen, ohne Dach, mit
leeren Fensterlöchern, riefen die schmutzigen, kleinen Vorkriegshäuser – einst, 1937, ein
»Geschenk des Führers an die Volksgenossen« – Erinnerungen an alte Wochenschauen
mit zerbombten Straßen wach. Und gegenüber, schon bezogen inmitten des Baustellen-
durcheinanders aus Raupen, Baggern und viel Matsch, sah man eine heiter-leichte,
pultgedeckte Zeile, die an Holland denken ließ.

Mittlerweile läßt sich begutachten, was die Frankfurter Architekten Scheffler
Warschauer + Partner und die Wohnungsbaugesellschaft Hellerhof unter »behutsamer
Erneuerung« verstehen. Hellerhof – der Name verpflichtet: schließlich haben die in den
zwanziger Jahren unter Ernst May entstandenen dreißig Siedlungen des »Neuen Frankfurt«
Weltruf. Die Zeilsheimer Siedlung war nie modernisiert und den heutigen Bedürfnissen
angepaßt worden; die überwiegend langjährigen, nun alleinstehenden, älteren Mieter
konnten die sehr tiefen Grundstücke nicht mehr bewirtschaften; die von Anfang an dürftige
Bausubstanz war nach fast sechzig Jahren in sehr schlechtem Zustand; die Unterhalts-
kosten stiegen. Eine umfassende Instandsetzung und Modernisierung wäre deutlich teurer
als vergleichbare Neubauten gekommen; viele Kompromisse wären dennoch unabänderlich
geblieben: Die Entscheidung für Abriß und Neubau fiel also leicht. Keine der 32 Doppel-
haushälften aus dem heimattümelnden Notprogramm »Volkswohnung« blieb erhalten,
keine der 64 Zweizimmerwohnungen – 36 Quadratmeter Wohnfläche, Ofenheizung, WC –,
keiner der großen, zur Selbstversorgung gedachten Nutzgärten. Doch nicht *tabula rasa*
wollte man machen, sondern behutsam vorgehen, Stück für Stück. Um jedem Mieter den
Verbleib oder die Rückkehr in die Siedlung zu ermöglichen, entwickelten die Architekten
gemeinsam mit der AG Hellerhof und dem »Amt für kommunale Gesamtentwicklung und
Stadtplanung« der Stadt Frankfurt ein Konzept des Einzelhausabrisses und -neubaus,
also der schrittweisen Erneuerung.

Der Charakter des Stadtteils mit seiner offenen Bauweise war städtebaulicher
und architektonischer Ausgangspunkt für die vergleichbar strukturierte neue Siedlung.
Die alte Parzellenteilung wurde zu den Straßen hin übernommen. Einzig die »rote Ecke«
Pflugspfad / Pfaffenwiese, gleichsam der Eingang zur Siedlung an der Hauptstraße des

Hauseingang und Einfahrt
in die Tiefgarage

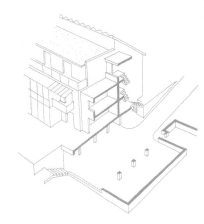

Perspektivischer Schnitt

Stadtteils, wurde deutlich anders formuliert. Behutsam wurde das Alte neu. Zwei Haus-
typen finden sich nun in der Siedlung: Als Ersatzwohnraum für erste interne Umzüge,
aber auch im Sinne durchaus gewünschter Verdichtung, wurde zwischen die zu erneuernde
Blockrandbebauung eine langgestreckte, zweigeschossige Zeile gebaut, darin vierzehn
Zweizimmerwohnungen, jede mit eigenem Eingang. Das Obergeschoß wird im Norden über
stählerne Laubengänge erschlossen, im Süden finden sich analog gestaltete Balkone. Der
zweite und vorherrschende Bautyp ist ein Doppelhaus mit zwischengeschaltetem Treppenhaus. Zu den Straßen hin blieb das ursprüngliche Profil mit Vorgartenzone, zwei Geschossen
und geneigtem Dach erhalten. Im Blockinneren wird, den Dachgeschoßbewohnern zur
Freude, aus dem Sattel- ein Flachdach. Die verglasten Treppenhäuser mit den einläufigen
Treppen tragen viel zu der im Rahmen des sozialen Wohnungsbaus und der neuen Dichte
bemerkenswerten Großzügigkeit der neuen Siedlung bei. Einem Teil von ihnen wurde,
zum Nachteil der Transparenz, zum Vorteil der Grundrisse, ein Mittelteil mit begrüntem
Flachdach zugeordnet. Hier finden sich Zweizimmer-Maisonettewohnungen oder den
angrenzenden Wohnungen zugeordnete Schalträume. Aus den 64 immer gleichen Zweizimmerwohnungen in Zeilsheim wurden 123 Wohneinheiten, deren verschiedene Größen
(1–4 Zimmer, 43–94 Quadratmeter) eine Mischung der Mieter gewährleisten. Zur
flexibleren Nutzung durch Alleinerziehende oder »Senioren-WGs«, aber auch zur
Vermeidung von Raumhierarchien in der klassischen Kleinfamilie, wurden die Zimmer
möglichst gleich groß ausgebildet. Jede Wohnung hat eine Terrasse, einen Balkon oder eine
Dachterrasse; der Außenraum ist angenehm und unprätentiös; Zäune, die die Mietergärten
vom öffentlichen Grün und dem Spielplatz trennen, sucht man zum Glück vergeblich.

Wohltuende Zurückhaltung prägt die neue Siedlung: einfache Formen, hellgrauer
Putz, verzinkter Stahl, Beton, Holz, Glas. Türen und Briefkästen setzen einzelne, kräftige
Farbakzente innerhalb der Zeilen; der »rote Turm« des gasbetriebenen Heizkraftwerkes
formuliert ebenso wie die »rote Ecke« ein selbstbewußtes Zeichen der Erneuerung. Anstelle
der von den Architekten vorgeschlagenen gewellten Faserzementplatten (die AG Hellerhof
fürchtete das angebliche »Arme-Leute-Image«!) finden sich nun graue Pfannen auf den
Dächern; einzig der an der Pfaffenwiese gelegene Sonderbau mit Bank, Frisör und Advokat
im Parterre erhielt eine Zinkblechdeckung. Aus der schrittweisen Realisierung der Siedlung, aber auch der Ablehnung einer unübersichtlichen Tiefgarage resultierten die im
Untergeschoß der Doppelhäuser verteilten, offenen Stellplätze. Über die Einfahrten und
eine großzügige Öffnung zum Garten im Blockinneren gelangt viel Licht und Luft in die
Garagen. (Leider läßt die Belegung der Stellplätze, mit einer Extramiete verbunden, zu
wünschen übrig; auch wird der Ruf nach großen, verschließbaren Toren laut.)

Ein Drittel der ursprünglichen Bewohner lebt noch immer zwischen Pflugspfad und
Pfaffenwiese, einige seit nun fast fünfzig Jahren! Die Mieter, die alten wie die vielen neuen,
fühlen sich wohl in ihrem alten und neuen Zuhause.

Das behutsame Konzept der Zeilsheimer Siedlung – und seine zurückhaltende
Umsetzung – verdienen große Anerkennung. Die Architekten interpretierten ihre Aufgabe
nicht als »baukünstlerische« Zutat zu der vermeintlichen Arme-Leute-Bauaufgabe Sozial-
wohnung, sondern im besten Sinne sozial: Sie schufen einen alltäglichen, lebenswerten Ort.

CHRISTOF BODENBACH

Behutsame Erneuerung in Frankfurt-Zeilsheim Pflugspfad Ecke Pfaffenwiese, Frankfurt am Main (Zeilsheim)   **Bauherr** AG Hellerhof, Frankfurt am Main   **Architekten** Scheffler
Warschauer + Partner, Frankfurt am Main   **Mitarbeiter** Eva-Maria Strauß, Wolfgang Lautenschläger, Britta Kisters, Inge Peusquens-Fischer, Christine Pietsch, Frank Steinfeld,
Jürgen Weidner   **Tragwerksplaner** Bollinger + Grohmann, Frankfurt am Main   **Landschaftsarchitektin** Ute Lienemeyer-Russell, Frankfurt am Main

Stahl und Glas – Die neuen Treppen

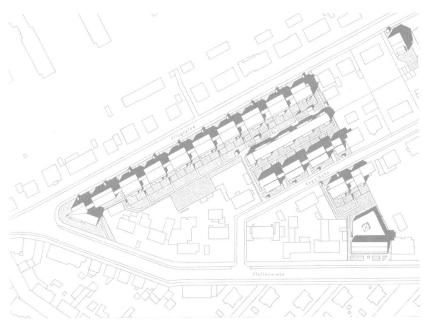

Städtebauliche Situation und Struktur der Siedlung

*Städtebauliche Situation
und Struktur der Siedlung*

Wohnen an der Friedberger Warte

ARCHITEKTEN Scheffler Warschauer + Partner

Das städtebauliche Konzept für die beiden ehemaligen Kasernengelände an der Friedberger Warte am nördlichen Stadtrand von Frankfurt beruht auf einem Wettbewerbsentwurf aus dem Jahr 1997. Die rechtwinklige Grundstruktur der Bebauung orientiert sich an den vorhandenen Straßen. Sie wird überlagert von Formen, die sich aus dem Grundstückszuschnitt ergeben. Es entstehen Bereiche mit sehr unterschiedlichen Raumqualitäten, die wiederum ein breites Spektrum verschiedener Wohnformen ermöglichen.
In beiden Teilgebieten nimmt die Bebauung zur Friedberger Landstraße hin an Dichte zu. In den nördlichen und südlichen Randbereichen wird durch eine offenere Bauweise die Verflechtung mit den angrenzenden Gebieten erreicht.
Die Friedberger Warte wird durch die Bündelung der Fahrspuren auf der Nordseite aus ihrer Insellage befreit. Um die Haltestelle des öffentlichen Personennahverkehrs sollen Läden, Gaststätten und andere Dienstleistungen entstehen, die nicht nur der Versorgung der Menschen dienen, sondern einen Identifikationspunkt schaffen.
Die Trennwirkung der Friedberger Landstraße wird durch die Anlage einer dreiteiligen Allee gemildert. Über eine geplante Straßenbahnlinie wird das neue Wohngebiet schnell und bequem an die Innenstadt angebunden. Für die interne Erschließung werden die vorhandenen Ringstraßen beibehalten und zu Alleen ausgebaut. Sie werden durch Baumgruppen unterbrochen, die die Zugangswege, Eingänge und Zufahrten markieren.
In beiden Quartieren werden zentrale öffentliche Grünflächen, zum Teil mit Spielfeldern für Jugendliche, eingerichtet. Die Spielplätze für Kleinkinder liegen in den Wohnhöfen, jene für die Sechs- bis Elfjährigen in den Übergangszonen zwischen den öffentlichen und den privaten Bereichen. In jedem Wohnhof ist eine Zone mit Bänken, Pergolen und Grillplatz ausgewiesen. Den Erdgeschoßwohnungen sind teilweise Gärten zugeordnet. Zwischen den Reihenhäusern am Südrand sind transparente Übergangsbereiche zu den Schrebergärten vorgesehen, in denen die Wegenetze miteinander verknüpft werden.
Die Wohngebäude bilden eigenständige Hausgruppen von unterschiedlichem Charakter. Um den unterschiedlichen Wünschen der Bewohner Rechnung zu tragen, werden auch Reihenhäuser mit Garten und zum Teil mit eigenen Garagen sowie Geschoßwohnungen vom kleinen Apartment bis zur Großwohnung vorgeschlagen.
Die Häuser an der Nordseite der Friedberger Landstraße erhalten aus Gründen des Lärmschutzes durchgehende Wintergärten. Auf der Südseite sind die Grundrisse so organisiert, daß zur Straße hin nur Nebenräume liegen. Bautiefe und Orientierung der Häuser machen den wirtschaftlichen Einsatz von Niedrigenergietechnik möglich.
Ein Teil der Erdgeschoßwohnungen wird behindertengerecht ausgebildet.
An den Erschließungsstraßen können Praxen, Altenclubs, Krabbelstuben, aber auch Ladenwohnungen und Kleingewerbe angeordnet werden.

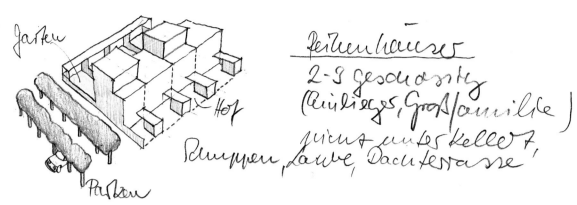

Jarten

Hof

Parken

Reihenhäuser
2-3 geschossig
(Einlieger, Großfamilie)
nicht unterkellert,
Rampen, Laube, Dachterrasse,

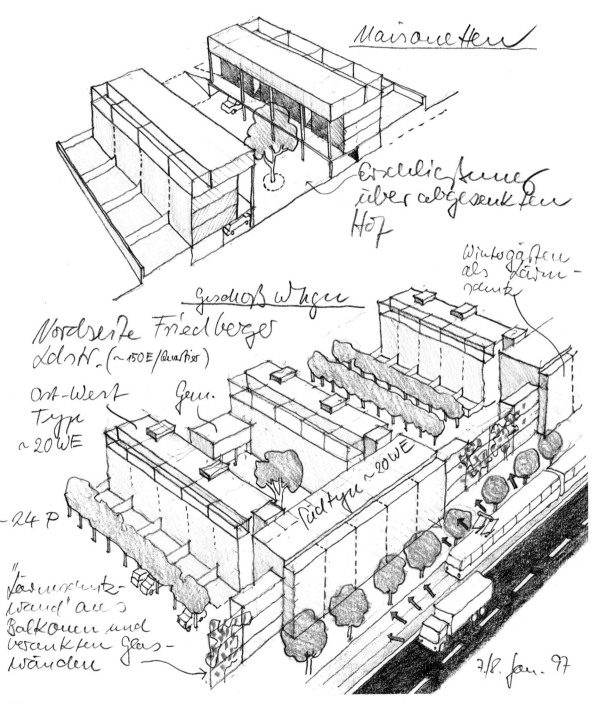

Maisonetten

Erschließung
über abgesenkten
Hof

Wintergärten
als Lärm-
schutz

Geschoßwohgen

Nordseite Friedberger
LdsN. (~150E/Quartier)

Ost-West
Typ
~20 WE

Gem.

Südtyp ~20WE

~24 P

"Lärmschutz-
wand" aus
Balkonen und
versenkten glas-
wänden

7/8. Jan. 97

Skizzen

Projekt Wohnbebauung Friedberger Warte in Frankfurt am Main Friedberger Landstraße / Homburger Landstraße / Dortelweiler Straße, Frankfurt am Main **Bauherr** Sahle Baubetreuungsgesellschaft mbH, Greven **Architekten** Scheffler Warschauer + Partner, Frankfurt am Main **Mitarbeiter** Vera Schermuly, Gösta von Törne, Frank Steinfeld **Verkehrsplanung in der Wettbewerbsphase** Gisela Stete, Darmstadt **Landschaftsgestaltung** Karl Bauer, Karlsruhe

Rosemarie Trockel hat ihrem Engel den Kopf abgeschlagen und
mit einer leichten Drehung neu aufgesetzt.
Der abgeschlagene Kopf kennzeichnet das Anderssein als dessen
Verurteilung. Insofern ist der Engel »Mahnmal«. Nur als
lädierter Engel hat er eine Funktion.

JEAN-CHRISTOPHE AMMANN

Rosemarie Trockel

und ihr

»Frankfurter Engel«

Mahnmal Homosexuellenverfolgung*

Fotografie THOMAS OTT, Darmstadt

★ Homosexuelle

Männer und Frauen

wurden im

Nationalsozialismus

verfolgt und ermordet

Die Verbrechen

wurden verleugnet

die Getöteten verschwiegen

die Überlebenden

verachtet und verurteilt

Daran erinnern wir

in dem Bewußtsein

daß Männer

die Männer lieben

und Frauen

die Frauen lieben

immer wieder

verfolgt

werden können

Fassadenausschnitt mit der außenliegenden Treppe

Kindertagesstätte im
(Ostend)

ARCHITEKTEN Kollhoff + Timmermann

ESSAY Roman Hollenstein

FOTOGRAFIEN Heinrich Helfenstein und Dieter Leistner

Eine Pyramide für Kinder

Frankfurts Museumsufer stand in den achtziger Jahren für die Suche der als Stadt der
Spekulanten verschrienen Mainmetropole nach kultureller Identität. Bald schon strahlten
die dort erstellten Meisterwerke namhafter Baukünstler in die Quartiere aus, etwa mit
dem 1987 initiierten Projekt der Kindertagesstätten, für das erneut bekannte Architekten
gewonnen werden konnten. Sie bauten Märchenschlösser, Schiffe oder Zelte für die Kleinen –
Spielereien, gegen die sich bald einmal der japanische Stararchitekt Toyo Ito mit einem
Glashaus wandte und später das Berliner Architektenteam Kollhoff + Timmermann mit
einem Monolithen aus rotem Klinker, der aussieht, als stehe er seit langem an dieser Stelle.

    Das Postulat von Hans Kollhoff, »den Häusern,
die wir lieben, ebenbürtige Neubauten entgegenzustellen«,
erfüllt sich in diesem für vierzig Hort- und sechzig
Kindergartenkinder im Alter von drei bis zwölf Jahren
errichteten Haus am Tiergarten. Mit seinen formalen
Bezügen zum jungen Loos und frühen Mies van der Rohe
zeigt es allem Spektakulären und Modischen die kalte
Schulter. Avantgardistisch wird man es daher kaum
nennen, auch wenn es sich – vielleicht in Anspielung auf
das Frankfurter Bankenviertel – straßenseitig selbstbewußt
als kleiner Turm zum Himmel reckt. Wenn Kollhoffs An-
hänger in der Einfachheit und tektonischen Klarheit dieses
Baus den Stein gewordenen Beweis seiner Thesen sehen, so
dürfte dessen konservativ anmutende, an Vitruvs Gravitas
gemahnende Körperhaftigkeit die Gegner Kollhoffs
ähnlich provozieren wie seine »rückwärtsgewandte« Vision
eines steinernen Berlin.

Blick vom Tiergarten auf die Hauptfassade

    Der »Turm« und die mit ihm verzahnte Ziegelmauer antworten der Umfriedung des
Tiergartens und definieren den Straßenraum bestimmt, doch ohne sich wie einer jener
»lauten Kerle in der gepflegten Tischgemeinschaft der Stadt« aufzuführen, die Kollhoff so
verhaßt sind. Die stumpf-winklig geknickte viergeschossige Fassade mit der asymmetrischen
Eingangsnische, den beiden Quadratöffnungen und dem Fensterband erinnert gleichermaßen an ein kubistisches Gesicht wie an das Antlitz jenes Hauses, das Adolf Loos 1926
für Tristan Tzara in Paris realisierte. Einander in Haltung und Komposition verwandt,
betören beide Fassaden zudem mit ihren körperhaften Proportionen.

    Der heterogenen, von Wohn- und Bürohäusern, Werkstattbetrieben, einem
Gymnasium und der Parklandschaft des Zoos geprägten Nachbarschaft entsprechend, hat
dieses Gebäude zwei Gesichter: ein repräsentatives hin zur Straße und an der Rückfront
ein intimeres. Dieses besteht aus einer nach Südwesten in den Hof abfallenden Kaskade
von Terrassen, die den vom Haus besetzten Platz den Kindern stückweise auf jeder
Etage zurückgeben. Kollhoff + Timmermann erschaffen hier ein kleines Stück Stadt und

Das Foyer   *Die zentrale Halle im Erdgeschoß*

setzen so im Kleinen ebenso konsequent wie in ihrer Wohnüberbauung in Amsterdam ein urbanistisches Konzept um, das bislang in ihrem erstprämierten Entwurf für den Berliner Alexanderplatz gipfelte.

Das wie ein Keil ins enge Grundstück getriebene Gebäude weckt Assoziationen an eine Burg, an eine Stufenpyramide oder – wie es eine begeisterte Erzieherin sieht – an ein Pueblo. Das in drei Maßstäben durchgespielte Treppenthema hat abgestufte Seitenwände mit unregelmäßigen Fensteröffnungen zur Folge, die an das von Loos vor über achtzig Jahren als eines der ersten Terrassenhäuser der Moderne in Wien erbaute Haus Scheu oder an das 1926 von Mies van der Rohe aus Ziegeln errichtete Haus Wolf erinnern. Mit dem Klinker der Außenhaut, dem grüngrauen Dolomit der Brüstungsauflagen und dem hellen Holz der Böden, Fensterrahmen oder Türen verkünden Hans Kollhoff und Helga Timmermann nicht nur das Lob des Handwerks. Diese natürlichen Materialien dienen ihnen ebenso wie die sorgfältigen Details zur Kritik an einer nur allzuoft banalen Massenproduktion im Baubereich.

Rückgrat des Hauses ist das gelbe, wohl von Poelzig inspirierte Treppenhaus – vom roten zweigeschossigen Eingangsfoyer abgesehen der einzige Bereich mit starkem Farbakzent. Sonst dienen Weiß und helles Holz dem bunten Spiel der Kinder als Hintergrund. Die das Gebäude dominierende Axialsymmetrie, gegen die die Architekten immer wieder subtil verstoßen, regelt die Anordnung der Räume. Ein konischer Flur erschließt im Erdgeschoß drei trapezförmige Gruppen und Nebenräume. Im ersten Stock finden sich unter anderem die Küche und ein Spielraum mit Terrasse, im zweiten eine Kinderküche, der Aufgabenraum und das Eßzimmer (mit Terrasse) und im dritten zwei Werkräume, wieder mit Terrasse. Die Außentreppe führt schließlich zur Zinne des *donjon*, von der aus man Hof, Zoo und Skyline überblickt – ein Reiz nicht nur für Kinder. So regt denn dieses Turmhaus mit seinen Treppen, Gassen und Ausblicken ganz behutsam die Phantasie der Kinder an und schärft zugleich ihr architektonisches Sensorium. Das in sich stimmige Bauwerk am Frankfurter Zoo versteht sich aber auch als Prototyp eines neuen städtischen Gebäudes.

ROMAN HOLLENSTEIN

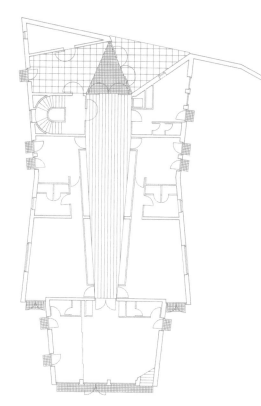

Grundriß Erdgeschoß

Kindertagesstätte im Frankfurter Ostend Am Tiergarten, Frankfurt am Main (Ostend)   **Bauherr** Der Magistrat der Stadt Frankfurt am Main / Stadtschulamt   **Architekten** Kollhoff + Timmermann, Berlin / Helga Timmermann, Hans Kollhoff   **Künstler** Roland Fässer   **Tragwerksplanung** CSZ – Cornelius-Schwarz-Zeitler, Darmstadt   **Gartenplanung** Meinrad Schneider, Neu-Isenburg

Die Treppe

Ecke und blau-gelbe Wand

(Geschwister-Scholl-
Schule)

ARCHITEKTEN Günter Behnisch + Partner

ESSAY Manuel Cuadra

FOTOGRAFIEN Christian Kandzia

Zum Beispiel in Blau und in Gelb

In der direkt an der Nidda gelegenen, in den krisenreichen zwanziger Jahren von Ernst May geplanten Römerstadt fühlt man sich auch heute noch wie am Stadtrand. Von den weit hinter dem Fluß in der Innenstadt liegenden Hochhäusern ist nur die eine oder andere Spitze zu sehen. Doch auch von der Arbeitersiedlung erkennt man wenig. Zugewachsen sind die längs am Hang plazierten Wohnzeilen genauso wie die ihnen vorgelagerten, bastionartigen Terrassen und auch die als städtebauliche Dominante konzipierte Geschwister-Scholl-Schule.

Martin Elsaesser hatte den Bau in der Sprache der rationalistischen Moderne streng kubisch, horizontal proportioniert und weiß verputzt realisiert. Zum Besten, was Elsaesser in Frankfurt hinterlassen hat, gehört diese etwas monotone Aneinanderreihung von Klassenzimmern jedoch nicht. Allzusehr ordnet sich der Entwurf dem letztendlich architektonisch schematischen städtebaulichen Plan von Ernst May unter, der vorgegebenen Lage und Form der Baukörper genauso wie der für die gesamte Siedlung einheitlichen Sprache. Vielleicht sind es aber auch die seinerzeit begrenzten Mittel, die den Verzicht auf räumliche und materielle Differenzierung – entgegen der ansonsten für Elsaesser typischen, sehr expressiven Kontrastierung moderner und traditioneller Baustoffe und Tragwerke – erklären.

Schändlicherweise wird heute die Römerstadt und mit ihr der alte Pausenhof der Geschwister-Scholl-Schule durch eine Stadtautobahn, die Rosa-Luxemburg-Straße, durchschnitten. Zum Ausgleich für den verlorenen Hof wurde der Schule ein Areal auf der einige Meter tieferen Nidda-Aue zur Verfügung gestellt. Der Bezug dieses Raumes zur Schule ist jedoch schwach. Das eigentliche Problem sind aber der Lärm und die schlechte Luft, die von der Stadtautobahn ausgehen und die es nicht erlauben, die Klassenräume nach Bedarf zu lüften. Darunter leiden Schüler und Lehrer und mit ihnen der gesamte Lehrbetrieb.

Hier setzten die Architekten Behnisch + Partner an. Der kurz gefaßten Architektur Elsaessers stellten sie eine differenzierte, gestalterisch aufwendige Planung gegenüber. Das Rückgrat des Entwurfes bildet eine hohe, den Neubau in seiner gesamten Länge überragende, parallel zur Stadtautobahn verlaufende Stahlbetonscheibe, die einen neu geschaffenen Pausenhof und die Klassenzimmer gegen den Lärm abschirmt. Entsprechend ihres hohen praktischen Nutzens wurde sie betont auffällig gestaltet. Die ausdrucksstarke, kantige, zur Nidda hin zu einer Pfeilspitze zulaufende Form und die Bemalung in kräftigem Blau und Gelb erhöhen die Wiedererkennbarkeit im Inneren und Äußeren, aus der Nähe wie von der Stadtautobahn und den Spazierwegen der Umgebung aus. Eigentlich wollten die Architekten die Oberfläche in Sichtbeton belassen, doch dann mußte die Wand gedämmt und verputzt werden. Mit der Härte verlor sie auch an Prägnanz, brauchte also Farbe, die, mangels Mitteln, von den Architekten selbst aufgetragen wurde.

An der Straßenseite der Wand wurden die Haupttreppe und Nebenräume angeordnet. Das Treppenhaus wurde fest verglast, die sonstigen Räume erhielten eine fensterlose, horizontal proportionierte, aus verzinkten Stahlprofilen und verschiedenen

*Vorplatz und Eingang,
vom Altbau her kommend*

Blechsorten collagierte Verkleidung. Von der Lärmbelästigung befreit, konnten die zum neuen Pausenhof hin orientierten Klassenzimmer normale Fenster bekommen. Die formal außergewöhnliche Ansicht bleibt die Blechfassade. Von alltäglichen Aufgaben befreit, dafür aber von der Stadtautobahn gepeinigt, konnten die Architekten hier gestalterisch frei aufspielen und eine aufregend frische Komposition liefern.

Der Haupteingang des Erweiterungsbaus befindet sich auf derselben Ebene wie der des Altbaus. Von der dreigeschossigen, glasüberdachten Eingangshalle aus übersieht man weite Teile des Gebäudes, man erfährt, wie man wo hinaufkommt und wie die Flure weiterlaufen, aber auch, wie die runden Betonstützen, von denen einige sich schon von außen durch die Glasflächen ankündigen, aus der Bodenplatte in den Raum hinaufwachsen, wie sie arbeiten, was sie so alles tragen. Solche und andere Geschichten architektonischen Inhalts erzählt der Bau. Sie alle handeln von der Notwendigkeit seiner Existenz und von seiner Entstehung. Die Sprache des Baus, das ist seine räumliche und materielle Beschaffenheit. Angesprochen werden die Sinne und der Verstand. Besonders spannend sind jene Geschichten, die schwierige Probleme behandeln. Absolutes Verständnis, Vorkenntnisse gar sind aber auch gar nicht erforderlich, um sich hier wohl zu fühlen – der Raum und die Konstruktion sprechen für sich. Die Form dieser Architektur ist eindeutig nicht von ihren Inhalten zu trennen. Ihre Überzeugungskraft wächst mit dem Ernst ihrer Aufgabe und mit der Qualität der gefundenen Lösung. Ihre Ausdrucksstärke aber erreicht ihren Höhepunkt dort, wo die Architektur an die Grenzen ihrer Leistungsfähigkeit stößt, dort, wo sie nicht mehr in der Lage ist, die Probleme vollends zu lösen, wo sie dies nur formal, also nur scheinbar tut. Es sind – vielleicht – die in solchen Situationen angestauten Gefühle, die sich, wenn schon nicht in Architektur, so doch künstlerisch ausdrücken – zum Beispiel in Blau und in Gelb.

MANUEL CUADRA

Die Geschwister-Scholl-Schule zwischen Nidda und Römerstadt – Ansicht

Erweiterung der Geschwister-Scholl-Schule Hadrianstraße, Frankfurt am Main (Römerstadt) **Bauherr** Magistrat der Stadt Frankfurt am Main / Stadtschulamt, Hochbauamt **Architekten** Günter Behnisch + Partner, Stuttgart / Büro Sillenbuch **Projektarchitekten** Birgit Scheid (Projektleiterin), Rainer Löhle **Mitarbeiter** Thomas Eberlein, Ulrich Hanselmann **Farbgestaltung** mit Christian Kandzia **Tragwerksplaner** Schlaich Bergermann + Partner, Stuttgart **Landschaftsgestaltung** Bibertaler Planungsgruppe

Die mehrgeschossige Eingangshalle   *Flur und Treppe*   *Die blau-gelbe Wand, von innen betrachtet*

Städtebauliche und landschaftliche Situation

[Kindertagesstätte in Ginnheim]

ARCHITEKTEN Roland Burgard und
Hochbauamt der Stadt Frankfurt am Main

ESSAY Corinne Elsesser

FOTOGRAFIEN Thomas Koculak

Bauen als Experiment

Provisorisch, edel und eigentlich anders wirkt die aluminiumverkleidete Kindertagesstätte
am Ortsrand von Ginnheim, einer unwirtlichen Gegend im Nordwesten Frankfurts.
Zwischen Autobahnzubringer und Nidda-Auen grenzen hier Schrebergärten an Wohnanlagen
und Mietshäuser der Nachkriegszeit, nördlich schließt die Siedlung Höhenblick an,
ein 1926/27 von Ernst May, Herbert Boehm und C. H. Rudloff entworfenes, mittlerweile
recht verwahrlostes Kleinod des Neuen Frankfurt. Über die Nidda hinweg sind die
burgartigen Eckbauten der von Ernst May entworfenen Römerstadt gerade noch
wahrnehmbar. Markante Punkte, die Maßstäbe setzen sollten für die Schaffung neuen
Wohnraums und für fortschrittliche Architekturkonzepte, plazierte man damals an der
Peripherie der Stadt.

Mit dem sozial Notwendigen das architektonische Experiment zu verbinden ist nach
wie vor das Ziel, wie das vom Hochbauamt der Stadt Frankfurt 1993 initiierte Programm
zur Schaffung kostengünstiger Kindertagesstätten zeigt. Während im vorangegangenen
Jahrzehnt für die Entwürfe der aufwendig errichteten Kindergärten international renommierte
Architekten verantwortlich zeichneten, ließ man jetzt im Rahmen eines amtsinternen
Wettbewerbs junge Architekten miteinander konkurrieren. An der Bauaufgabe von
Kindertagesstätten wurden unter dem Motto »Aus 2 mach 3« Konzepte erarbeitet, die
die hohen Qualitätsstandards bezüglich Gestaltung, Funktionalität und Ökologie halten,
aber wesentlich kostensparender sein sollten.

Eine Präferenz für den Baustoff Holz stellte sich bald heraus, ist er doch, verglichen
mit anderen Materialien wie Stahl oder Mauerwerk, wesentlich kostengünstiger. Ihm
haftet jedoch, zumindest in Ländern ohne Holzbautradition, noch immer das Stigma einer
minderen Behausung an. Zum anderen gibt es für die Holzindustrie keine durchgängigen
Standards, was einer Rationalisierung des Bauprozesses entgegenstand. Anders sah
es mit dem Elementhaus aus, das in diesem Fall als ein aus Containern als baulichen
Großelementen bestehendes Ensemble zu verstehen ist. Hinsichtlich seiner Baukosten von
DM 2.100,– pro Quadratmeter – verglichen mit DM 1.900,– pro Quadratmeter für das
Holzhaus – lag es zwar an zweiter Stelle, die Bauteile sollten aber weitgehend vorgefertigt
werden können, was den Bauprozeß nicht nur verkürzt, sondern auch sehr flexible
Arbeitsabläufe zuläßt. Die von der *International Organization for Standardization, ISO,*
vorgegebenen Abmessungen für Standardcontainer, die in den sechziger Jahren in den USA
festgelegt wurden und der damaligen Breite eines Lastwagens entsprachen, sind heute
variabel handhabbar. Ansonsten erfüllen Container problemlos Minimalanforderungen für
den geschützten Aufenthalt in Innenräumen. Und darum geht es im Programm des Hochbauamtes. Eine auf das Wesentliche eines temporären Aufenthaltes reduzierte Architektur
sollte bereitgestellt werden, da Kinder sich schließlich in ihrer Tagesstätte nicht auf
Lebenszeit einmieten, sondern sich dort nur im Alter von drei bis sechs Jahren aufhalten.

Die Südfassade   *Im zentralen Flur*

Als Prototyp gilt die Kindertagesstätte in Ginnheim, die der Architekt Jörg Michel am Hochbauamt der Stadt Frankfurt unter der Leitung von Roland Burgard entworfen hat. Auf die Planungszeit von Oktober 1994 bis Mai 1995 folgte 1996 eine kurze Bauzeit von nur einem Monat, da die vorgefertigten Großbauteile vor Ort nur noch zu Einheiten bestehend aus Gruppenraum mit Garderobezone und Sanitärbereich montiert werden mußten. Derartigen Wohnkomfort bereitstellend, gelten Container längst nicht mehr als »fliegende«, sondern als genehmigungspflichtige Bauten und werden bezüglich Statik, Gründung, Wärmeschutz wie ganz normale Häuser behandelt. Sie ruhen auf einem Punktfundament aus Beton und werden über einen zentralen glasüberdachten Mitteltrakt erschlossen, der zugleich als Spielfläche für die Kinder und als zentraler Techniktrakt dient. Im Erdgeschoß schließen sich südlich drei Kindergartengruppen, im Geschoß darüber zwei Hortgruppen und eine weitere Kindergartengruppe sowie Personal-, Verwaltungs- und Abstellräume und ein zweigeschossiger Mehrzweckraum an.

In der Vereinfachung des Bauprozesses liegt der große Vorteil des Containerbaus. Nicht von ungefähr wurde dieser Ort für das Experiment ausgewählt, stellt es doch eine Fortführung jener Ideen des Neuen Bauens mit heutigen Mitteln dar, die hinsichtlich industrieller Fertigung und Rationalisierung einst richtungweisend wurden. Und ebenso fremd wirkt das Metallgehäuse der Kindertagesstätte in seiner gewachsenen baulichen Umgebung wie seinerzeit die weißen Pionierbauten des Neuen Frankfurt.

CORINNE ELSESSER

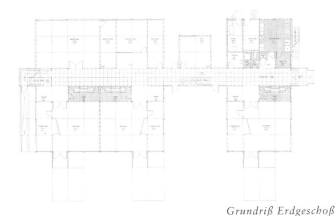

Grundriß Erdgeschoß

Kindertagesstätte in Ginnheim Waldstraße, Frankfurt am Main (Ginnheim)   **Bauherr** Der Magistrat der Stadt Frankfurt am Main / Stadtschulamt   **Architekten** Roland Burgard + Hochbauamt der Stadt Frankfurt am Main   **Projektarchitekten** Jörg Michel und Helmut Sachwitz   **Mitarbeiter** Elena Popp

Blick auf die Ostfassade mit dem Haupteingang

(Clubhaus der Allianz Versicherung)

ARCHITEKTEN Dietz · Joppien

ESSAY Petra Hagen Hodgson

FOTOGRAFIEN Markus Becker / Idee und Raum

Einfach und komplex zugleich

Draußen, dort wo die zerfransten Ränder der Stadt in den Stadtwald übergehen, weit weg von Arbeit, Alltag und dem lärmigen Getriebe der Großstadt, befindet sich das Sportgelände der Allianz Versicherung. Es dient den Mitarbeitern des Unternehmens als Stätte für Freizeit, Fitneß und Körperkultur. Sie sollen sich an diesem Ort vom täglichen Streß erholen und ihre sitzende Tätigkeit durch sportliche Aktivitäten an der frischen Luft kompensieren – eine löbliche Idee, die natürlich nicht nur aus purer Großzügigkeit einer zeitgemäß orientierten Firma, sondern durchaus auch aus einer guten Portion Eigeninteresse entstanden ist.

Das weitläufige, rechteckige Grundstück mit Tennisplätzen und Sportwiese im Frankfurter Stadtteil Niederrad schiebt sich wie ein großes, glattgebügeltes Leintuch zwischen die niedrige umgebende Wohnbebauung. Seit 1994 besitzen die Angestellten der Allianz hier ein neues Sport-Clubhaus – ein kleines Juwel zeitgenössischer Freizeitarchitektur. Gedacht ist es in erster Linie als schützende Hülle zum Umziehen, Duschen und Frischmachen, zugleich fungiert es als lockerer Treffpunkt. Die Architekten Dietz · Joppien haben den luftigen Pavillon ganz an den südlichsten Zipfel des rechtwinkligen Geländes geschoben, eng an die Zufahrt mit den Autoabstellplätzen und direkt vor die hochaufragende Blätterwand des Stadtwaldes. Damit bleibt der architektonische Fußabdruck im satten Grün des Freiraums auf ein Minimum beschränkt. Zugleich besitzt der Baukörper aber durchaus auch eine eigene Präsenz. Hauptthema der architektonischen Konzeption ist das Spannungsverhältnis zwischen Freiraum und Baukörper, die Einbettung des Gebäudes in die Natur und der Bezug zum Außenraum, der dem Bauwerk erst seine Daseinsberechtigung verleiht. Der fast quadratische Sockel, auf dem der vielschichtige Pavillon sitzt und der seine räumliche Ausdehnung präzise festlegt, löst das Gebäude vom Gelände, läßt es selbstbewußt sechzig Zentimeter über dem Boden schweben und beschreibt damit den antithetischen Charakter von Architektur und Natur. Zugleich verzahnt sich der kleine Bau aber auch eng mit der umgebenden Natur. Ausladende horizontale Dachplatten schieben sich versetzt in die Landschaft, kommentieren die Flachheit des Geländes. Schmale Wandscheiben greifen forsch in den Raum. Sie umstellen den inneren Funktionskern, begrenzen unterschiedliche Raumschichten: offene, halboffene, geschlossene. Ihre Fensteraussparungen variieren je nach Funktion, lassen unterschiedlich viel Blickkontakt mit der Umgebung zu, sind als fein dosierender Filter zu lesen. Aufgestellte und angehängte Gitterroste betonen die Horizontale. Allein auf der Westseite, zur Wohnbebauung hin, da wo sinnvollerweise die Geräteschuppen angehängt sind, gibt sich die Fassade zugeknöpft – da schützt sie vor unliebsamen Einblicken.

In den Pavillon gelangt man auf zwei Wegen. Der offizielle Zugang führt über eine lange, flache Rampe zum nach Osten orientierten Eingangsbereich. Der inoffizielle Weg in den Pavillon führt über zwei leichte Stufen auf den Sockel. Von dort – hinter einer langen, abschirmenden, Licht filternden Holzlamellenbegrenzung – geht es direkt in die wichtigsten Funktionsbereiche des Hauses: in die Umkleide- und Toilettenanlagen. Die Bewegungsab-

Durchblicke

*Der Gang zwischen dem Naßbereich (links)
und der großen Halle*

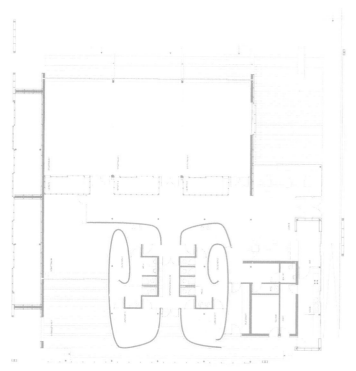

Grundriß Erdgeschoß

Die große Halle   *Detail der Südfassade mit dem Haupteingang*

läufe im Innern nachzeichnend, wölben sie sich als plastische Körper – Frauen rechts, Männer links – in kräftigen, geschwungenen Rundungen nach außen, saugen die Sportler gleichsam in sich auf. Auf den ersten Blick mögen es die vielfältigen Raumschichten verdecken, im Kern aber bleibt der Pavillon eine klar gedachte Kiste mit rational geplantem, flexiblem Raster-Grundriß. Auch das Tragwerk des kleinen Baus ist denkbar einfach: eine reine Stahlkonstruktion. Sie macht die umhüllenden Wände zu freistehenden Elementen. Der Aufgabe entsprechend besteht der Pavillon aus zwei klar definierten, voneinander abgesetzten Elementen, die auch in der Höhe variieren. Die Doppelfunktion wird außen im Ineinandergreifen zweier getrennter Volumen sichtbar. Im nach Süden orientierten, niedrigen Teil liegen die zwei nierenförmigen Raumelemente, die die Umkleiden und Toiletten umschließen, sowie die Küche und ein vielgenutzter Kraftraum. Im höheren, aber kleineren, nach Norden hin orientierten Teil befindet sich die flexibel teilbare Mehrzweckhalle, mit drei separat nutzbaren Geräte- und Lagerbereichen auf der einen und mit einer voll-verglasten Flanke auf der anderen Längsseite. Verbunden werden die zwei unterschiedlichen Raumzonen durch den gemeinsamen, innenliegenden Flur, der im Eingangsbereich zum lichten Empfangssaal überfließt.

Dietz · Joppien haben die Farbe nicht gescheut und etwas kalifornische Frische in den grauen hessischen Alltag gebracht. Zugleich ist der kleine Bau eine Symphonie aus mit viel Bedacht zusammengestellten Materialien, die das Thema des luftig-leichten Pavillons untermalen. Glas, Stahl, etwas Beton, Verputz, tiefblau leuchtende Kacheln für die Naßzellen in Kombination mit langen Bändern aus transparenten Glasbausteinen und besonders die Verwendung von viel – auch industriell gefertigtem – Holz gerade im Außenbereich lassen lockere Freizeitstimmung aufkommen. Vor allem aber wird das großzügig verwendete, unbehandelte Holz der Douglasie, das im Laufe der Jahre eine silbergraue Patina ansetzen wird, das Gebäude mit der Natur eins werden lassen.

PETRA HAGEN HODGSON

Clubhaus der Allianz Versicherung Waldstraße, Frankfurt am Main (Niederrad)   **Bauherr** Frankfurter Versicherungs AG, Allianz Versicherungs AG, Frankfurt am Main / Allianz Grundstücks AG, Frankfurt am Main und Stuttgart   **Architekten** Dietz · Joppien, Frankfurt am Main und Potsdam / Albert Dietz, Anett Eisen-Joppien und Jörg Joppien, Berlin   **Mitarbeiter** Matthias Schönau   **Tragwerksplaner** Ingenieursozietät BGS, Frankfurt am Main   **Freiflächen** Planungsgruppe Frei Raum, Wiesbaden

Forum
Messe
Frankfurt

ARCHITEKTEN KSP Engel und Zimmermann

Ein gestalterischer Kontrapunkt bildet den Auftakt zur Modernisierung des Ausstellungsgeländes der Messe Frankfurt. Eine zeichenhafte, geschwungene Form wird in das Messegelände implantiert. Der Massivität der Festhalle steht eine ephemere Form entgegen. Die geschwungene Grundrißfigur der Festhalle wird in eine expressive Form im Aufriß transformiert. Stützenfreie und teilbare Grundrisse ermöglichen vielfach wandelbare Räume für temporäre Nutzungen wie Konferenzen, große Bankette bis zu 2.000 Personen und kleinere Ausstellungen beziehungsweise Messeausstellungen. Ergänzt werden die flexiblen Flächen durch das Pressekonferenzcenter und das zentrale Restaurant der Messe sowie eine Großküche. Im Untergeschoß sind Infrastruktureinrichtungen für das gesamte Messegelände vorgesehen.
Das Forum ist an das Wegesystem der Messe so angebunden, daß es einerseits im Schnittpunkt der Wege liegt und seine Nutzungen von der hohen Fußgängerfrequenz profitieren, andererseits läßt sich der Betrieb des Forums vom messeinternen Fußgängerverkehr abkoppeln.
Das Erdgeschoß kann zugleich Foyer für Großveranstaltungen wie auch Bühne für die Agora sein. Die Glaswände sind großflächig zu öffnen, und mittels einer Hubbühne kann die Fläche zum Podium erhöht werden. Über dem Erdgeschoß schwebt ein leichtes Raumtragwerk, das die Festsäle aufnimmt. Auf sechs Kernen ruht die filigrane Konstruktion. Die Transparenz der Fassaden läßt die Durchsicht auf die Westfassade der Festhalle wie Ein- und Ausblicke zu. Die Gebäudehülle inszeniert Licht und Raum.

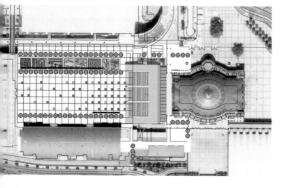

Städtebauliche Situation

Ansicht Ost   *Ansicht Süd*

Die Agora

Das Foyer

Neubau und Festhalle

Projekt Forum Messe Frankfurt Neuer Stadtteil Messe, Frankfurt am Main **Architekten** KSP Engel und Zimmermann Architekten BDA, Frankfurt am Main **Wettbewerbsteam** Axel Baumann, Thomas Oebbecke, Michael Pfisterer, Gregor Gutscher, Zlatka Damjanowa, Martina Lasse, Atilla Barta, Marc Höricht **Landschaftsarchitekten** Bödecker Wagenfeld + Partner, Düsseldorf **Tragwerksplanung** IPP Büro für Bauwesen Prof. Polonyi + Partner, Köln

Aus was besteht Rhythmus? Rhythmus erzeugen
heißt Punkte auf einer Geraden wählen,
auf der Geraden der Zeit. Der Musiker zählt
die Zeit in der gleichen Weise, wie man beim
Gehen die Meilensteine zählt. In der Architektur geschieht dasselbe - bei einer Fassade zum
Beispiel. Auch Klaviertasten sind Architektur.
Man ordnet sie in regelmäßiger Weise an.
Im einen Fall bewegt man sich in der Zeit, im
anderen im Raum. Es gibt folglich eine Entsprechung zwischen beiden. Und diese Entsprechung ist möglich, weil es eine tiefere gei-
stige Struktur gibt, das, was die Mathematiker
und die Physiker eine »Ordnungsstruktur«
nennen.

Iannis Xenakis

Fotografie ALEXANDRA LECHNER, Darmstadt

ensemble modern

[Umbau und Erweiterung Terminal 1]

ARCHITEKTEN Jo. Franzke und Christoph Mäckler

ESSAY Luise Brauer

FOTOGRAFIEN Dieter Leistner / Architekton

Ein laufendes Vorhaben

Dringend nötig geworden war die Modernisierung des in den siebziger Jahren als Hauptgebäude des Frankfurter Flughafens errichteten Terminals 1 wegen der in den letzten
Jahren gestiegenen Anforderungen der Betreiber an Effizienz und Sicherheit der Anlagen,
aber auch durch die wachsenden Ansprüche der Fluggäste an den Komfort der Räume.
Die Durchführung der Baumaßnahmen wurde durch die Inbetriebnahme des neuen
Terminals 2 und die daraus resultierende Entlastung von Teilbereichen des alten Flughafen-
gebäudes ermöglicht.

Erwartet wurde im einzelnen, daß die räumliche Organisation nach dem Umbau
und der Erweiterung des Terminals eine rasche Passagierabfertigung ermöglicht; daß sie
strengste Personenkontrollen unterstützt und keine Schlupflöcher mehr enthält; daß die
Abfertigung von Inlandsflügen und Flügen in Unterzeichnerstaaten des Schengener Abkom-
mens, die keinen Paß- und Zollkontrollen mehr unterliegen, von den Bereichen für zum
Teil visapflichtige Flüge ins übrige Ausland räumlich klar getrennt werden; daß höchste
Standards im Brandschutz erreicht werden und insbesondere die Fluchtwege ein Höchst-
maß an Sicherheit gewährleisten.

Zugleich sollten alle Möglichkeiten der Innenraumgestaltung genutzt werden, um
die Atmosphäre der Durchgangs- und Aufenthaltsräume so übersichtlich und angenehm wie
möglich zu machen. Angestrebt wurden insbesondere Ausbauelemente, Beleuchtungskörper
und Möbel von höchster materieller und gestalterischer Qualität. Die Entwicklung der
Counter erfolgte unter Beteiligung von Frog Design.

Die Arbeiten am Flugsteig A begannen im Jahr 1994 mit dem kompletten Rück-
bau der Gates 1 bis 5 bis hin zum Rohbauzustand. Seit der Umgestaltung dieser Räume
werden sie exklusiv durch die Deutsche Lufthansa genutzt. Inzwischen wird an den Gates
10 bis 23 gearbeitet. In diesem Bauflügel wird die Sicherheitskontrolle an zentraler Stelle
zusammengefaßt. Damit wird die Voraussetzung für die Umgestaltung des gesamten
Bereichs zu einer einzigen großen Wartezone geschaffen, in der die Passagiere frei umher-
gehen und die vielfältigen Angebote der Geschäfte, Bistros und Restaurants nach Belieben
nutzen können.

Die Schaffung großzügiger, einheitlicher Raumfolgen wird durch die Verwendung
hochwertiger Materialien unterstützt. Die Wände sind mit lackiertem Stahlblech
und warmgewalztem und glasperlgestrahltem Edelstahl verkleidet. Als Bodenbelag dient
geschliffener Granit. Mit seinem Grau korrespondiert eine aus Aluminiumelementen
gefertigte Reflexionsdecke, die das Licht der speziell abgestimmten Lichtwerfer in den
Raum lenkt. Eine isolierverglaste Abluftfassade ersetzt die bestehenden Außenwände
mit ihrer Profilitverglasung.

Von den Fluggästen kaum bemerkt, aber dennoch für den Ablauf vor Ort von
größter Bedeutung, gibt es eine Vielzahl von kleineren und größeren technischen Innova-
tionen wie die Türsteuerung. Diese regelt die Wege der Fluggäste nach der Gepäckaufgabe
und der Sicherheitskontrolle den verschiedenen Boardingsituationen entsprechend. So
treten die Passagiere bei geringem Aufkommen unmittelbar in den Bereich des Röntgen-
geräts ein; bei höherem Passagieraufkommen wird das vor dem Lufthansa-Signet liegende

Die neuen Treppenhäuser am Flugsteig A

  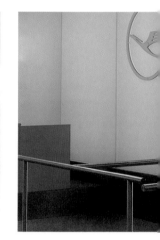

Die neue Innenraumgestaltung der Gates 1–5

Die Glaskörper
mit dem Lufthansa-Signet

Drehgeländer geöffnet, durch das die Passagiere in einer S-Linie zum Röntgengerät geführt werden. Eine Glaswand zwischen kontrollierten und nicht-kontrollierten Fluggästen schließt den Gateraum durchreichsicher ab.

  Nach außen hin nimmt die Überbauung die Gestaltungsmerkmale des Altbaus auf, doch gliedern nun dreizehn neue Treppenhäuser den Baukörper. Sie stellen die Verbindung zwischen den Wartezonen und den Fluggastbrücken her, bilden die von der Bauaufsicht geforderten Fluchttreppen, und sie verleihen zugleich den langen Fassaden des Funktionsbaus den an dieser Stelle lange vermißten architektonischen Ausdruck.

LUISE BRAUER

Abgang zum Busboarding

Neue Decke und Beleuchtungskörper

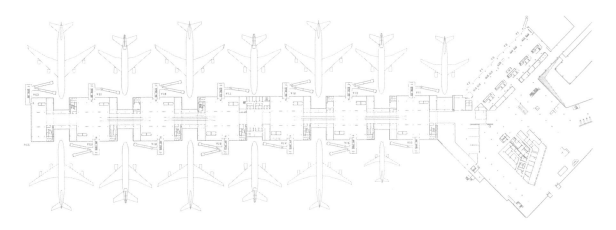
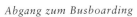

Terminal 1, Flugsteig A, Grundriß der umgebauten Bereiche

Projekt Umbau und Erweiterung Terminal 1 Flughafen Frankfurt/Main **Bauherr** Flughafen Frankfurt/Main AG, Frankfurt am Main **Architekten** Arbeitsgemeinschaft Jo. Franzke und Christoph Mäckler, Frankfurt am Main **Projektbearbeitung** Piotr Olejnik **Tragwerksplanung** Krebs + Kiefer, Darmstadt **Haustechnik** Ingenieurgesellschaft Kruck, Neu-Isenburg **Lichttechnik** Bartenbach-Lichtlabor, Innsbruck

Fassadenausschnitt mit Treppenhaus

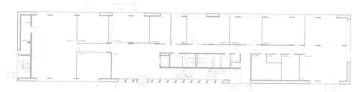

Grundriß

(Das Schulungszentrum der
Flughafen AG)

ARCHITEKTEN Dietz · Joppien

ESSAY Lutz Beckmann

FOTOGRAFIEN Andreas Süß

Kleinod im Strom

Frankfurts Flughafen verfügt über nahezu alle Institutionen einer großen Stadt. Zwar dominiert überall die Funktion, doch wird sie angereichert mit dem Fluidum von Internationalität und verlockender Ferne. Qualitätvolle Dienstleistungen sichern den Erfolg des Standortes. Schon deshalb müssen dem Flug- und Bodenpersonal regelmäßig Verhaltensregeln für den Umgang mit Fracht und Menschen vermittelt werden. Der zunehmende Ausbildungsbedarf bewog die Flughafen AG zum Bau eines neuen Schulungszentrums.

Die Architekten Bert Dietz und Anett Joppien entwickelten das Projekt zwischen Terminal 1 und 2, gut erreichbar vom Flugfeld, vom ICE-Bahnhof und von den Autobahnen. Wie ein schimmernder Kiesel wird der 80 Meter lange, 14 Meter tiefe und 12 Meter hohe Neubau vom Ost-West-Strom des Flug- und Fahrverkehrs umspült. Entstanden ist ein dem gigantischen Maßstab des Flughafens angemessenes Kleinod, das Größe und dezente Anmutung miteinander verbindet, ein Schmuckkästchen mit allen Eigenschaften derartiger Vorzeigeobjekte: Das schillernde, klare und harte Äußere läßt auch die weicheren Eigenschaften des Inneren erahnen.

Ansicht mit Haupteingang

Das Bauwerk ist eine dreigeschossige Stahlbeton-Skelettkonstruktion mit vorgehängten Glasbetontafeln und flächenbündig eingebauten Fensterelementen. Ein Stahlbetonkern mit Aufzug, Sanitär- und Technikräumen hält das Tragwerk im Lot. Der matt verglaste Technik-Kubus auf dem Dach zeigt die Maschinerie der Lüftungsanlage. Ihre Kanäle sind in den Flurdecken der Geschosse untergebracht, die verbrauchte Luft wird durch die zweischalig ausgebildete Außenwand abgeführt. Durch die Entscheidung für eine »weiche« Klimatisierung mit Fenstern, die geöffnet werden können, bleibt das Frankfurter Wetter auch im Inneren spürbar.

Die Glasbetontafeln der Fassaden funkeln grünlich im Sonnenlicht. Ihre Oberfläche besteht aus fein geschreddertem Auto- und Schaufensterglas, einem Recyclingprodukt. Bei der Herstellung wird die noch weiche Zementschlämme von der Oberfläche der Fertigteile gespült, so daß die klaren Glassteinchen hervortreten und sichtbar werden. Verletzungsgefahr besteht nicht, denn Sicherheitsglas zerspringt, ohne daß Schnittkanten entstehen. Die im Querschnitt rautenförmigen Pfeiler der Eingangshalle stehen, in der Art senkrechter Sonnenschutzlamellen, seitlich gedreht und mildern den monumentalen Charakter, den ihre Kolossalordnung provozieren könnte. Ansonsten sind die Fassaden von einem dezidierten Liniennetz aus Fensterprofilen und Fugen überzogen. Die frei erscheinende Einteilung der Fertigteile erinnert an die Verlegemuster traditioneller japanischer Tatami-Matten; Ruhe und Bewegung vereinen sich harmonisch miteinander.

Wie es sich für eine feine Schatulle gehört, ist auch das Innenleben des »Kästchens« wohlgeordnet: Durch den gebäudehohen Luftraum erhält der Eintretende räumliche Übersicht und Orientierung. Entlang der mittig angeordneten Längsflure sind die Schulungsräume aufgereiht, die Mehrzahl an der Nordseite. Das Erdgeschoß beherbergt einen unterteilbaren Saal für Feste und Vorträge sowie eine Cafeteria.

Die Raumeinteilung erfolgte mit lasierten Sichtbetonwänden und Leichtbauelementen, in den Toiletten mit stahlgerahmten Kleinfliesen-Paneelen in gedämpften Primärfarben. Anthrazitfarbener Bodenbelag wurde in den Flurzonen in Betonwerkstein, in den Schulungsbereichen in Linoleum ausgeführt.

Der gestreckte Schulungs- und Werkstattbau findet Vorbilder in der Architektur der Jahrhundertwende – einer Hochblüte der Flächenkunst. Mackintoshs Kunstschule in Glasgow, Olbrichs Ateliergebäude auf der Mathildenhöhe in Darmstadt oder van de Veldes Kunstgewerbeschule in Weimar, all diese Bauten reihen Klassen- und Atelierräume zu markanten, zweigeschossig erscheinenden Längsbaukörpern. Die Anordnung der Nebenräume nahe der Erschließungs- und Verteilerzone ist bei allen ähnlich; immer auch richten Atelierfenster den Blick nach oben. Die Mittelachse wird durch ein Vexierspiel der Eingangszone gebrochen – in Frankfurt geschieht dies durch die Schichtung von aus der Achse verschobenen Portalpfeilern und der in Gegenrichtung verschobenen Scherentreppe vor dem flächigen Prospekt des harten Kerns.

Individuelle Dachgestaltung erzeugt eine fünfte Fassade – hier sind es Gitterrostfelder, flächenbündig mit Attika und Pflanzbeeten montiert: die Kontur des Gebäudekubus bleibt gewahrt. Die nach oben gerichtete Komposition des Schulungsgebäudes ist für den Blick aus dem benachbarten Hochhaus gedacht; vor allem aber erscheint sie als eine Hommage an den Himmel über Frankfurt, der mit Flugzeugen, Fracht und Passagieren für geschäftiges Leben und Treiben sorgt, in dieser Stadt namens Flughafen.

LUTZ BECKMANN

Fassadendetail, frontal

Schulungszentrum der Flughafen Frankfurt/Main AG Flughafen Frankfurt/Main **Bauherr** Flughafen Frankfurt/Main AG **Architekten** Dietz · Joppien, Frankfurt am Main und Potsdam / Albert Dietz, Anett Eisen-Joppien und Jörg Joppien, Berlin **Mitarbeiter** R. Duda, J. Stephan **Mitarbeit / Objektüberwachung** W. Bins – Projektteam 96 **Entwicklung des Glasbetons** in Zusammenarbeit mit Imbau, Frankfurt am Main **Tragwerksplaner** CSZ Ingenieurconsult GmbH, Darmstadt

Fassadendetail, seitlich

Flughafen und ICE-Bahnhof –
Fotomontage

ICE-Bahnhof
Flughafen
Frankfurt/Main

BRT ARCHITEKTEN · Bothe Richter Teherani

ILLUSTRATIONEN Datenland, Erik Recke

Indem er die Verbindung zwischen dem modernen Hochgeschwindigkeitsnetz
der Deutschen Bahn AG und einem der bedeutendsten europäischen Flughäfen
herstellt, signalisiert der neue ICE-Bahnhof am Flughafen Frankfurt den
Beginn eines neuen Zeitalters im Verkehrswesen. Der innovative Charakter
dieses Konzeptes sollte in der architektonischen Gestaltung Ausdruck
finden. Auch bezüglich des Komforts und der Effizienz der Anlagen insgesamt
stellte die Deutsche Bahn AG höchste Ansprüche. Als Maßstab sollten nicht
die Bahnhöfe herkömmlichen Typs dienen, sondern die modernsten Flughäfen.
Gefordert war weiterhin, daß der Entwurf eine Überbauung des Bahnhofs
zuläßt. Über den Gleisen sollte eine Plattform entstehen, auf der sich
Gewerbebauten möglichst ohne Beschränkungen - »wie auf der grünen Wiese« -
errichten lassen.
In seiner Gestaltung reflektiert der ICE-Bahnhof die Idee eines unabhän-
gigen Organismus. Auf einer Länge von rund 700 Metern erstreckt sich der
schlanke, abgerundete Baukörper über dem Gleisbereich. Die V-förmigen
Teleskop-Stützen im Abstand von 15 Metern gewährleisten eine ausreichende
Tageslichtbeleuchtung und eine transparente Gestaltung, die sowohl Einblicke in den als auch Ausblicke aus dem Bahnsteigbereich zuläßt. Das
metallische Erscheinungsbild und die freie Überspannung der Bahnsteige in
einer Breite von rund 60 Metern betonen die Objekthaftigkeit des Bahnhofs.
Im Inneren gliedert sich der Baukörper in eine Bahnsteighalle, die Lounge
und die Bahnhofshalle. Die Bahnsteighalle ist rundum verglast. So entsteht ein stützenfreier, lichtdurchfluteter Raum. Luftschleusen gewähren
trotz des Zugverkehrs ein konstantes Raumklima. Die Lounge befindet sich
im Inneren des Trägerbauchs, die Bahnhofshalle unter einer Glaskuppel.
An die Bahnhofshalle schließt sich der Terminal 3 als Anbindung zum Flughafen an.
Die prägnant geformte, rund 34.000 Quadratmeter große Plattform kann mit
bis zu 180.000 Quadratmetern Geschoßfläche überbaut werden. Alle Lasten
werden von der Plattform direkt in den Baugrund abgeleitet. Zudem dient
sie als »horizontaler Bauzaun« und erlaubt die Durchführung von Bau-
arbeiten ohne Beeinträchtigung des darunter stattfindenden Schienenverkehrs.

Die Bahnsteighalle

Die Bahnhofshalle

ICE-Bahnhof Flughafen Frankfurt/Main Flughafen Frankfurt/Main **Bauherr** Deutsche Bahn AG **Architekten** BRT · Bothe Richter Teherani, Hamburg / Jens Bothe, Kai Richter, Hadi Teherani **Projektleitung** Berthold Staber **Mitarbeiter** Christian Feck, Lutz Gnosa, Frank Görge, Michael Horn, Wolfgang Labsch-Boga, Katja Pahl, Ali Pakrooh, Monika Pfretzschner, Claudia Springmeier, Peer Weiß, Christopher Wilford, Arndt Woelke **Projektbüro Frankfurt** Katrin Koulouri, Irene Manhardt, Ulf Schröder, Jürgen Wilhelm **Tragwerksplanung** Dr. Ing. Binnewies, Hamburg

 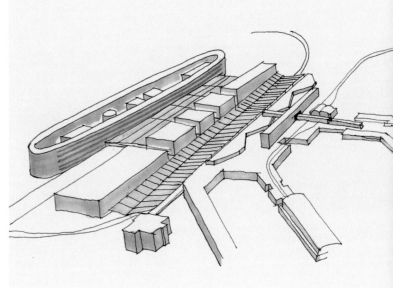

Der Entwurf von Coop Himmelb(l)au – Modell   *Der Entwurf von Jo. Franzke – Perspektive*

(**Projekt**)

Die Entwicklung des
Flughafens
Frankfurt

Ein Workshop am
Deutschen Architektur-Museum

Blau ist die Zukunft

Etwa 700 Meter lang, 150 Meter tief, mehrere Geschosse hoch und so blau
wie der Himmel an einem wolkenlosen Sommertag stellen sich Wolf Dieter
Prix und Helmut Swiczinsky aus Wien den Erweiterungsbau des Frankfurter
Rhein-Main-Flughafens vor. Was die Architekten vom Büro Coop Himmelb(l)au
im Rahmen eines Workshops des Deutschen Architektur-Museums erarbeiteten,
ist allerdings als dreidimensionale Entwicklungsstrategie zu verstehen,
noch nicht als städtebaulicher oder gar architektonischer Entwurf. Dennoch
dürfte die Vision eines von der Bundesstraße B43 über die Autobahn A3
und den mehrspurigen Airport-Ring bis vor die heutigen Bauten gespannten
SuperSkyTerminals die Verantwortlichen der Flughafen Frankfurt/Main AG
(FAG) und der Deutschen Bahn AG zutiefst beunruhigen, stellt sie doch ihre
eigenen Planungen grundsätzlich in Frage. Mit einem nur dürftig ange-
bundenen ICE-Bahnhof, wie er zur Zeit zwischen B43 und A3 gebaut wird,
und ein paar zehntausend Quadratmetern Renditeflächen, für die man noch
nach Nutzungskonzepten und Investoren sucht, ist es jedenfalls auch nach
Ansicht des *Office of Metropolitan Architecture* (OMA) aus Rotterdam nicht
getan. Vonnöten sind keine kleinteiligen Reparaturen, sondern eine grund-
sätzliche Neustrukturierung des Airports. Für tiefgreifende Eingriffe
spricht nicht allein die Macht der von den Architekten geschaffenen Bilder,
sondern in erster Linie die schon heute katastrophale Überlastung des zum
Terminal 1 degradierten alten Flughafens, vor allem aber die Prognosen,
die einen weiteren Anstieg der Passagierzahlen um über fünfzig Prozent
von derzeit 38 Mio. im Jahr auf 60 Mio. in naher Zukunft versprechen.
Angesichts der Art, in der die FAG von der Entwicklung der letzten Jahre
überrollt wurde, könnte man glauben, diese sei nicht vorhersehbar
gewesen. Vielleicht stimmt das sogar. Unverständlich ist aber die Kurz-
sichtigkeit, mit der trotz der Wachstumsprognosen auch heute noch agiert
wird. So muß die zur Zeit stattfindende grundlegende Erneuerung des Flug-
steigs A im Terminal 1 angesichts des enormen Nachholbedarfs als Tropfen
auf dem heißen Stein betrachtet werden. Ungenügend ist auch die städtebauliche Einbindung der architektonisch nicht minder anspruchsvollen
Projekte für den neuen ICE-Bahnhof und für das Schulungsgebäude der FAG.

Der ICE-Bahnhof soll möglichst viele Passagiere aus dem Inland, die derzeit per Flugzeug anreisen, um in Frankfurt umzusteigen, auf die Schiene locken. Die freiwerdenden Flugsteige will man dann für internationale Flüge nutzen. Eine solche Erhöhung des Durchlaufs des Flughafens macht ökonomisch wie ökologisch Sinn. Unsinnig ist dagegen, das Stückwerk der letzten Jahre fortzusetzen, den neuen ICE-Bahnhof als isoliertes Objekt zu betrachten und ihn, wie derzeit geplant, an den ohnehin überlasteten Terminal 1 anzuschließen. Tatsächlich setzt die Integration des ICE-Bahnhofs und zusätzlicher Renditeflächen ein Konzept voraus, das aus dem Ganzen mehr macht als die Addition von Teillösungen. Darüber waren sich alle Teilnehmer des Workshops einig. Die Frage war allein: Wie könnte ein solches Konzept aussehen?

Die Antworten reichten von einer vorsichtigen, wahrscheinlich sogar kurzfristig realisierbaren Optimierung der bisherigen Planungen, wie von Jo. Franzke vorgeschlagen, über den Versuch, dem Ganzen eine neue Ordnung durch geschickt plazierte Veränderungen begrenzten Ausmaßes zu verleihen, wie von Thomas Herzog favorisiert, bis hin zur Errichtung großmaßstäblicher Strukturen, in die sich das Vorhandene integrieren würde, wie von den Büros OMA und Coop Himmelb(l)au präsentiert.

Die Mindestanforderung skizzierte am treffendsten Henry N. Cobb vom New Yorker Büro Pei Cobb Freed & Partners. Er gab das Ziel aus, den Nutzern des Flughafens die einmalige Faszination der am Frankfurter Flughafen versammelten modernen Verkehrssysteme zu vermitteln. Letztlich gab er sich aber mit dem Ausbau der geplanten Brücke zwischen dem ICE-Bahnhof und dem Terminal 1 zu einem eigenständigen Bauwerk zufrieden. Überzeugend an dieser Idee ist der große Maßstab des Baukörpers und der im Inneren geschaffenen Räume. Er wird der realen Ausdehnung des Flughafens gerecht und verspricht, das Chaos funktional und visuell zu bändigen. Allerdings verzichtet der Vorschlag darauf, die internen Abläufe zu verändern. Damit aber setzt er dem Flughafen schon heute neue Grenzen.

Langfristige Wachstumsmöglichkeiten eröffnet dagegen der Entwurf von Coop Himmelb(l)au. Die große Plattform des *SuperSkyTerminals* erscheint nur auf den ersten Blick als »radikal« und überzogen. Tatsächlich entpuppt sie sich bei näherem Hinschauen als eine vernünftige, in die Zukunft weisende Perspektive. Mit dem *SuperSkyTerminal* wird nämlich nicht allein der ICE-Bahnhof samt Renditeflächen integriert, sondern die Organisation des gesamten Flughafens neu formuliert. So schafft der Bau neue, direkte Eingänge via Autobahn und Schiene; er enthält, damit zusammenhängend, neue Abfertigungshallen; er verteilt die Fluggäste frühzeitig auf alle Terminals und befreit damit den Terminal 1 vom Durchgangsverkehr. Ein weiterer Vorteil ist, daß der *SuperSkyTerminal* sich realisieren läßt, ohne die Funktionstüchtigkeit der vorhandenen Gebäude zu beeinträchtigen. Nebenbei verleiht er dem Flughafen ein neues Gesicht, ja eine neue Präsenz im Rhein-Main-Gebiet.

Die Konsequenz der Vision macht deutlich, daß Coop Himmelb(l)au bereits die zukünftig zu erwartenden 60 Mio. und mehr Passagiere vor Augen hat. Im Vergleich dazu beschränkt sich der Entwurf von Cobb auf die Lösung heutiger Probleme. Vor zehn Jahren wäre die Realisierung des Entwurfs sinnvoll gewesen. Nun aber ist es höchste Zeit, in dem von Coop Himmelb(l)au skizzierten Maßstab zu denken und zu handeln.

MANUEL CUADRA

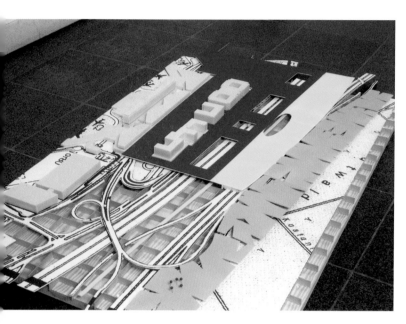

Der Entwurf von Rem Koolhaas + OMA – Modell

Der Entwurf von Pei Cobb Freed + Partners – Modell

Die Entwicklung des Flughafens Frankfurt / Die Integration und Überbauung des ICE-Bahnhofs – Ein Workshop des Deutschen Architektur-Museums in Zusammenarbeit mit Plan Plus Faktor Entwicklungsgesellschaft, Frankfurt am Main **Beteiligte Architekten** Coop Himmelb(l)au, Wolf D. Prix und Helmut Swiczinsky, Wien, Jo. Franzke, Frankfurt am Main Thomas Herzog + Partner, München, Rem Koolhaas + Office of Metropolitan Architecture, OMA, Rotterdam, Pei Cobb Freed + Partners, New York **Fotografien** Plan Plus Faktor Entwicklungsgesellschaft, Frankfurt am Main

Made in Frankfurt
FRANKFURTER BAUEN IN BERLIN, LEIPZIG UND ANDERSWO

Frankfurter Architekturen

Es sind speziell zwei Bedingungen, die die Architektur in Frankfurt und damit auch die Arbeiten der Frankfurter Architekten innerhalb und außerhalb ihrer Stadt prägen.

Die erste dieser Bedingungen steht im Zusammenhang mit den vor Ort wichtigsten Bauaufgaben: In den prosperierenden Nachkriegsjahren stand der Bau von Wohnungen und der dazugehörenden Einkaufszentren im Vordergrund; die damals entstandenen, durch großzügige Stadtautobahnen miteinander verbundenen Gartenstädte erinnern deutlich an nordamerikanische Vorbilder. Um das Image der Stadt zu verbessern, förderte man in den achtziger Jahren mit großem Erfolg die Kultur und baute unter Einbeziehung prominenter Architekten gleich mehrere neue Museen. In den neunziger Jahren schließlich wurden angesichts der verminderten Steuereinnahmen kleinere Brötchen gebacken und Kindertagesstätten und kostensparende Schulbauten realisiert.

Die zweite Bedingung hat etwas damit zu tun, daß in den letzten beiden Dekaden der Frankfurter Architekturdiskurs über die Stadtgrenzen hinaus wuchs und ganz bewußt die internationale Ebene mit einbezog. Dies war eine Vorbedingung dafür, daß in Frankfurt so namhafte Architekten wie Toyo Ito, Richard Meier, Ernst Gisel, Hans Hollein, Kohn Pedersen Fox, Norman Foster, um einige zu nennen, bauen konnten, und zwar in exponierter Lage; die Internationalisierung des Diskurses war zugleich aber auch eine Konsequenz der Arbeit solch prominenter Persönlichkeiten. Inzwischen hat zumindest in gewissen Bereichen eine Verschmelzung des internationalen und des lokalen Diskurses und damit zusammenhängend auch eine Synthese von Wissen und Talenten stattgefunden.

Ein solcher Bereich ist der Hochhausbau. Waren Rudolf Temporinis AEG-Hochhaus an der Friedensbrücke oder Johannes Krahns Bienenkorb-Hochhaus an der Konstabler Wache, beide aus den fünfziger Jahren, noch dem örtlichen Architekturverständnis verhaftet, sind zahlreiche Umsetzungen aus den sechziger Jahren von nordamerikanischen Einflüssen geprägt. Meid + Romeicks

Fotografie KLAUS HAGMEIER, Frankfurt am Main

National-Haus an der Untermainbrücke liest sich wie eine Übersetzung des Entwurfs von Ludwig Mies van der Rohe für das Nationaltheater in Mannheim mit seiner außenliegenden Statik. Auch bei Krahn + Heils Selmi-Hochhaus ist der Einfluß Mies van der Rohes spürbar, selbst wenn die Brüstungselemente leicht angeschrägt sind. Seit den neunziger Jahren wird der Hochhausdiskurs zunehmend von örtlichen Fragestellungen beeinflußt. Norman Fosters Bekehrung zu ökologischen Themen wäre ohne die Frankfurter Debatte nicht denkbar gewesen. Vor Ort haben sich besonders jüngere Büros wie Schneider + Schumacher mit dem Thema auseinandergesetzt und Entwürfe geliefert, die - einmal verwirklicht - den Hochhausdiskurs auf eine neue Ebene heben werden.

Mit der Internationalisierung ist allerdings auch eine Neigung zu erkennen, international tätigen Architekten einen höheren Status zuzugestehen als ortsansässigen. Dies hat nicht immer mit objektiv nachweisbaren Qualitätsunterschieden zu tun. Eine Folge der tendenziellen Überbewertung der internationalen Beiträge zum Frankfurter Architekturdiskurs ist die Verstreuung von Aufträgen. Es ist leider nicht die Ausnahme, sondern die Regel, daß die besten Frankfurter Architekten ihre interessantesten Aufträge auswärts erhalten. Davon sind vor allem junge Büros betroffen. Kurioserweise führt der berufliche Erfolg anderswo nicht unbedingt dazu, daß die Wertschätzung vor Ort steigt - zumindest nicht kurzfristig. Es scheint, daß die neue Architektengeneration erst nach der Schließung der älteren Büros zu wichtigen Aufträgen gelangen kann. Bis es soweit ist, haben die - mittlerweile nicht mehr ganz so jungen - Architekten hart zu arbeiten und die eine oder andere Durststrecke zu überleben. Die vorliegende Publikation einiger ihrer besten Arbeiten der letzten Jahre hilft hoffentlich, ihnen diesen Weg zu verkürzen.

WILFRIED WANG

Per Kirkeby und die »Backsteinmauer der Deutschen Bibliothek«

Eine Bibliothek ist wie ein Kloster

Auch wenn sich eine Bibliothek zunächst der Öffentlichkeit gegenüber verschlossen geben muß, trägt sie - gerade in bösen Zeiten - viel zur Kommunikation unter den Menschen bei.
Eine Bibliothek ist monumental und transparent zugleich.
Monumentalität und Transparenz, darum ging es auch mir.
Eine Monumentalität, die nicht notwendigerweise Größe bedeutet und auch nicht eine aufwendige Ausstattung mit Säulen und dergleichen, sondern Einfachheit.
Da die Deutsche Bibliothek unmittelbar an einer Kreuzung von zwei Stadt-Autobahnen liegt, besitzt der Vorplatz, auf dem die Backsteinmauer steht, auch eine Funktion als Schutzzone.
Es geht mir in meinen Arbeiten nicht darum, einen Kommentar abzugeben zu einem Ort oder zu einer Architektur. Auch die Backsteinmauer vor der Deutschen Bibliothek ist nicht als versteckte Architekturkritik zu verstehen. Vielmehr steht sie dafür, die Welt so zu akzeptieren, wie sie ist. Es geht darum, die Welt nüchtern wahrzunehmen.
Das ist für mich Transparenz.
Einfach und deswegen monumental ist dagegen das Mauerwerk.
Sieht der Eingang der Bibliothek beim Durchschreiten der Mauer nicht schön aus?
Jenseits aller möglichen kritischen Attitüden lautet die Aussage schlicht: Hier ist die Deutsche Bibliothek.

Per Kirkeby

Ansicht

(Das Bundespräsidialamt in Berlin)

ARCHITEKTEN Gruber + Kleine-Kraneburg

ESSAY Hartmut Böhme

FOTOGRAFIEN Stefan Müller

Kreis, Ellipse, Orthogon

Im Jahre 1632 notiert Bonaventura Cavalieri, daß der Astronom Johannes Kepler »die Kegelschnitte über die Maßen geadelt hat, indem er klar bewiesen, daß die Planetenbahnen keine Kreise, sondern Ellipsen seien«. Zwei Jahrzehnte zuvor hatte Federico Cesi, fürstlicher Gönner Galileis, an diesen geschrieben: »Mit Kepler glaube ich, daß die Planeten auf die strikten Kreisbewegungen zu verpflichten hieße, sie an eine Tretmühle zu binden (...) Wie Ihr weiß auch ich, daß deren Bahnen nach Keplers Willen elliptisch sind.«

Unterhält das elliptische Bundespräsidialamt der Architekten Martin Gruber und Helmut Kleine-Kraneburg etwa geheime Beziehungen zum Himmel? Welche Sprache sprechen die Ellipse, der achsiale Querriegel, die Quadrate, die im Haus ebenso allgegenwärtig sind, wie sie außerhalb eine Verbindung zur orthogonalen Geometrie des Schlosses Bellevue herstellen? Die Ellipse hier zitiert das Oval des historischen Langhans-Saales im Schloß dort und gewinnt ihre Außenmaße aus den Proportionen des Ehrenhofes. Auf der anderen Seite liegt der Stern, dessen Kreisform und Radien einen Archetypus der Astronomie wiederholen: das Himmelsrad. Nicht ohne politischen Hintersinn bildete diese Figur ein bedeutendes Formelement des französischen Parks. Dessen Geometrie implantierte die Ewigkeit der Himmelsgesetze in die Architektur von Schloß und Garten – als Ausdruck der divinen Souveränität des Königs. Eingelassen sind diese drei Formdominanten – Kreis, Ellipse und Orthogon – in das freiere Spiel des englischen Parks im nordwestlichen Teil des Tiergartens. In diesem Ensemble setzt das Bundespräsidialamt nicht nur einen Akzent, sondern ein selbstbewußtes Programm. Es ist ebenso demokratisch wie geheimnisvoll, so mathematisch wie ästhetisch, so modern wie ehrwürdig.

Bundespräsidialamt und Siegessäule

Die Keplersche Ellipse als Grundform der Himmelsbewegung wurde von Galilei abgelehnt. Ihm galt der vollkommene Kreis als einzig denkbare Figur der Sternenbewegung. In der Frage der Form aber geht es immer um mehr als Architektur, auf Erden wie am Himmelsgebäude. Elliptische oder kreisrunde Gebäude hat es seit der Antike immer gegeben. Nach 1600 jedoch ist jede Entscheidung für die eine oder die andere Form infiziert von dem epochalen Gegensatz zwischen der Keplerschen Ellipse und dem Galileischen Kreis. In unserem Jahrhundert haben Albert Einstein, Erwin Panofsky oder Alexandre Koyré den tiefen Konflikt bewußt gehalten, der sich in der Unvereinbarkeit zweier Kopernikaner ausdrückt, die beide zu den Vätern des modernen Weltbildes gehören.

Um den Bestand der Moderne im Zeitalter ihrer Liquidierung geht es auch im Bau des Bundespräsidialamtes. Die Seriosität der Materialien; die technische Raffinesse; die Klarheit der Gliederungen; der strenge Minimalismus der Formensprache; die funktionale

Verteilung von Infrastrukturtrakt und den Büros; die Balance von kontemplativer Geschlossenheit der Form und Öffnung zum Außenraum durch das Lichtdach und die radialen Fenster zum Park; die ruhige und doch variante Regelung des Austauschs zwischen öffentlicher Piazza und den Interieurs durch Brücken und Arkaden; die Verbindung von endloser Serialität und endloser Variation; die zurückhaltende Farbgebung und die auf den Bau abgestimmte Einrichtung der Räume; die konstruktive Durchdringung jedes Elements bis hin zur Plazierung der Türschilder *more geometrico*: all dies ist der rationalen Ideogrammatik der Moderne geschuldet.

So ist der Bau vom Kalkül aufgeklärter Vernunft erfüllt, die das bürgerliche Zeitalter begründete. Das Haus erscheint als serener Solitär des Arbeitsethos, angemessen der Verwaltung des höchsten Amtes eines demokratischen Gemeinwesens. Es sind, im Kontrapunkt hierzu, dieselben Prinzipien der Rationalität, die den Bau dennoch in spekulative Unruhe versetzen. Die von Kepler inspirierte Ellipse erhält ihre Fugung von der Dipoligkeit der Kraftzentren, die jeden Raum in eine eigentümliche Spannung von Regelmäßigkeit und Individualität versetzt, von Bewegung und Ruhe, von Symmetrie und Variation, von Wiederholung und Singularität. Auch diese Qualitäten wünscht man sich vom Präsidialamt, das nicht ein Zentrum hat, sondern in dem jeder Raum durch die Interferenz polarer Kräfte seine Form erhält. Darum ist es eine glückliche Idee, daß eine Ellipse zwischen die *rota mundi*, den Stern, und das orthogonale Schloß plaziert wurde. Unter den geometrischen Mustern ist es die Ellipse, welche der Dynamik einer Demokratie mit ihrer steten Folge von Regel und Variation am angemessensten ist.

Dies wird verstärkt durch die Kooperation von Architektur und Kunst. Lothar Baumgarten läßt seine Inventionen völlig in die Konstruktion des Baus aufgehen, in die Gestaltung des Fußbodens der Piazza und in die Farbklänge der Majolica-Tafeln an den Arkaden der Stockwerke. Indem seine Arbeiten mit der Architektur verschmelzen, wird vollends deutlich, daß dieser Bau mit seiner konstruktiven Modernität zugleich in der Tiefe der Geschichte wurzelt und die politische Gegenwart mit der Kosmologie des alten Europas verbindet. Man versteht nun die Logik von Transparenz und Geschlossenheit. Wie die dunkel glänzende Außenhaut stets die umgebende Natur spiegelt; wie die landschaftlichen Farben Caspar David Friedrichs sich im Interieur des Hause wiederholen; wie die Zahlenproportionen des Fußbodens im ganzen Hause Echo und Variation finden; wie die unsichtbaren Dipole der Ellipse jedem Raum Gestalt verleihen; wie die Ellipse auf die benachbarten Dominanten Kreis und Orthogon reagiert; wie die Architektur auf neuzeitliche und antike Wissenschaften antwortet: dies zeigt, daß der Bau, der der klassischen Moderne zu huldigen scheint, unterderhand einen *mundus minor* der großen Welt darstellt: des Kosmos und der Natur, der Geschichte und der Wissenschaft, der Magie und des Kalküls, der polaren Kräfte und der spannungsreichen Koexistenz aller Elemente, der Gesetze und der Freiheit, der Farben und der Musik, des Dialogs und der Klausur.

Eine Demokratie, die aus solchen Elementen zusammengesetzt ist, mag man sich wünschen. Sie ist nicht selbstverständlich. Sie möchte die Erinnerung und das Ziel derjenigen sein, die hier arbeiten. Man kann dies vergessen oder nicht bemerken. Dennoch bleibt dieser Bau das stete Eingedenken einer Idee von Demokratie, die die Moderne mit einer Geschichte verbindet, ohne die dieses Haus zu einem Raumschiff ohne Zeit und Raum würde.

HARTMUT BÖHME

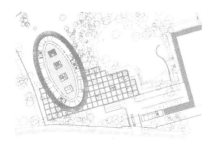

Städtebauliche Situation

Das Bundespräsidialamt in Berlin Spreeweg, Berlin-Mitte **Bauherr** Bundesrepublik Deutschland **Architekten** Gruber + Kleine-Kraneburg, Frankfurt am Main und Berlin / Martin Gruber und Helmut Kleine-Kraneburg **Projektleiter Berlin** Peter Kretz, Mikael Schmidt Skadborg **Mitarbeiter** Guido Brennert, Nils Brockenhuus-Schack, Lena Haas, Henry Hess, Jonas Kimpflinger, Ingbert Klitsch, Susanne Köbele, Oliver Langer, Silvia Lau, Heide Nerger, Bernd Reimers, Torsten Schlaadt **Freianlagen** Gruber + Kleine-Kraneburg mit Hauenstein Treuchtlinger Wohlieb, Filderstadt **Tragwerksplanung** Polónyi + Fink, Ingenieurbüro für Bauwesen, Berlin

Im Inneren

In der Dämmerung

[Büro- und Geschäftshaus von KPMG in Leipzig]

ARCHITEKTEN Schneider + Schumacher

ESSAY Hubertus Adam

FOTOGRAFIEN Jörg Hempel

Die Ecke

Die Glasfassade

Reflexionen der Gründerzeit

»Leipzig kommt!«, so lautet der omnipräsente Slogan, mit dem die Stadtväter ihren Bürgern seit der Wende Selbstbewußtsein einzuhämmern trachten. Verglichen mit anderen ostdeutschen Städten, kann sich die Entwicklung in der Messestadt auch durchaus sehen lassen: Leipzig nimmt als Bankenmetropole nach Frankfurt den zweiten Platz ein, und das Leben in der Stadt pulsiert, zumindest dann, wenn man zur rechten Tages- oder Nachtzeit die rechten Orte aufsucht. Daß das neue Messegelände im Norden der betreibenden Messegesellschaft rote Zahlen beschert, die Konversion des nahe der Innenstadt gelegenen alten Areals nicht recht vorankommt und die ambitionierte Planung einer »Medienmagistrale« vollends stagniert, ist Resultat struktureller Entwicklungen, die – wenn auch in geringerem Umfang – andere ostdeutsche Städte ebenfalls tangieren. Leerstehende Büroflächen finden sich auf dem Boden der ehemaligen DDR allenthalben; ihre Umwandlung in nutzbare Räume, und das heißt vor allem: Wohnungen, dürfte eine der vorrangigen Aufgaben sein, mit der sich zukünftige Architektengenerationen beschäftigen werden.

Eines auf jeden Fall ist in Leipzig kaum gekommen: architektonische Qualität, die dem baulichen Erbe der Stadt Paroli bieten könnte. Während der Wandel von der Waren- zur Mustermesse zur Zeit der Jahrhundertwende eine homogene Transformation des vormals barock geprägten Stadtbildes einleitete, die den Aufbruch ins 20. Jahrhundert markierte, vermag das, was den zweiten Bauboom dieses Jahrhunderts architektonisch manifestiert, nur in Ausnahmefällen zu überzeugen. Mal sind es billige Entwürfe postmoderner Provenienz, die auf den CAD-Schirmen westdeutscher Planer noch einmal wiederbelebt wurden, mal monotone maßstabsprengende Bauten mit natursteinverkleideten Lochfassaden, für die zumeist jene Macher-Büros aus Düsseldorf oder Hamburg verantwortlich zeichnen, die mit Kürzeln aus drei Buchstaben firmieren. Mehr als Mittelklasse steht selten zu erwarten.

Daß sich das Büro- und Geschäftshaus der KPMG Deutschen Treuhand-Gesellschaft wohltuend von derlei Investorenarchitektur abhebt, ist der Beharrlichkeit des Leipziger Vorstands von KPMG ebenso zu verdanken wie den von ihm mit einem Direktauftrag bedachten Architekten, dem Frankfurter Duo Till Schneider und Michael Schumacher. Gebaut wurde hier mithin nicht für einen anonymen Bauherrn, sondern für einen direkten, in diesem Fall sogar befreundeten Auftraggeber, der sich überdies der Stadt Leipzig verpflichtet weiß.

Schon aus diesem Grund schied eines der Gewerbegebiete, die Leipzig in Form eines wuchernden Kordons umgeben, als Standort aus – ganz abgesehen davon, daß man den Geschäftskunden den Weg an die Peripherie nicht zumuten wollte. Mit dem Neubau wollte man ein Zeichen setzen: ein Zeichen für architektonische Qualität, aber natürlich auch ein Zeichen für KPMG. Warum sollte nicht auch Baukunst der Imagepflege dienen?

So wurde ein Bauplatz gefunden, wie er attraktiver kaum hätte sein können: nicht im eigentlichen, vom Ring umschlossenen Zentrum, sondern unweit südlich davon, nahe dem Neuen Rathaus und dem Reichsgericht. Dort, wo die Beethovenstraße auf die nach Süden führende Ausfallstraße – den Peterssteinweg – trifft, hatte der Krieg eine Lücke in eine bis heute intakte gründerzeitliche Bebauungsstruktur gerissen. Mit ihrer spitzwinkligen Eckbebauung zwischen Beethovenstraße und Münzgasse ergänzten Schneider + Schumacher den historisch geprägten Stadtraum und restituierten die durch fünf einmündende Straßenzüge gegliederte Platzsituation.

Daß die Architekten im Kontext gründerzeitlicher Putzfassaden ein Glashaus planten, erschien den städtischen Verantwortlichen zunächst als Skandalon; zumindest ein Steinanteil von fünf Prozent müsse die Fassade bestimmen. Nach langwierigen Diskussionen wurde die Baugenehmigung erteilt – schließlich hatten Schneider + Schumacher keineswegs die Absicht, High-Tech-Architektur um ihrer selbst willen zu inszenieren; vielmehr versuchten sie, in einer zeitgenössischen Formensprache auf den Altbaubestand zu reagieren. Der Versuchung, unter dem Deckmantel des antiquarischen Bewahrens Bautradition lediglich als Farce zu inszenieren, wollten sie nicht erliegen, und so ziert auch keines der in Leipzig allerorten anzutreffenden und als »Keksrollenarchitektur« bekannten zylindrischen Ecktürmchen den Neubau. Massengliederung und Perimeter boten statt dessen ausreichend Möglichkeit zum Dialog mit der vorhandenen Architektur. Während die Nordfassade zur Beethovenstraße als klare, horizontal betonte Pfosten-Riegel-Konstruktion gestaltet ist und damit auf die stereotype Gliederung des Gerichtsgebäudes vis-à-vis Bezug nimmt, gliedert sich die Front zur Münzgasse entsprechend der vormaligen Parzellierung in drei deutlich voneinander getrennte Abschnitte, deren südlichster mit Lamellen verkleidet ist und somit zwischen der Transparenz des KPMG-Gebäudes und der Geschlossenheit des Nachbarhaus vermittelt. Durch Abstufung und Rückstaffelung des sechsten Geschosses gelang es, auf die Traufhöhen der Anschlußbebauung zu reagieren. Auffälligstes Element aber ist der elegant gerundete gläserne Bug, mit dem sich der spitze dreieckige Baukörper auf den Platz schiebt. Das aus Gründen des Sonnenschutzes nötige weiße Siebdruckmuster läßt das Volumen kompakter erscheinen, als es in Wirklichkeit ist, und verwehrt direkte Einblicke. Je nach Lichtverhältnissen changiert die optische Präsenz des Baukörpers: mal spiegeln sich in seinen Glasfronten die Fassaden der gegenüberliegenden Häuser, mal wirkt er opak, beinahe stumpf und hermetisch, mal licht und durchlässig, bald eher grünlich, bald himmelblau; des Nachts aber, bei künstlicher Beleuchtung, wird der gläserne Bau zum funkelnden Kristall.

Schneider + Schumacher legten den Eingang an die Münzgassenseite. Parallel zur Außenfront tritt man in einen Glaskasten ein, gleichsam in eine überdimensionale Vitrine. Handelt es sich auch um eine ebenso einfache wie kostengünstige Stahlbetonkonstruktion – die Baukosten des für 150 Mitarbeiter errichteten Gebäudes betrugen nur 17 Mio. DM –, so geben die Architekten Besuchern und Beschäftigten mit der grandiosen Inszenierung des Treppenhauses durchaus suggestive Auftrittsflächen. Indem die Büroräume zweibündig entlang der Beethovenstraße und der Hofseite angeordnet wurden, ergab sich die Möglichkeit, das dreieckige Atrium gleichsam als virtuelle Fortführung des öffentlichen Platzes bis zur Münzgasse vorstoßen zu lassen – brückenartige filigrane Stege mit Glasbrüstungen dienen als Verbindungsgänge zwischen den Bürobereichen und können wie eine in die Vertikale gekippte Bühne genutzt werden. An den Stegen selbst hängen, großen Gegengewichten nicht unähnlich, die sich emporwindenden Treppenelemente, die dem Atriumsbereich einen unverwechselbaren Charakter verleihen und auch von außen in Erscheinung treten: versetzt ragen die halbkreisförmigen Treppenpodeste in den Luftraum hinter der abgehängten

Büro- und Geschäftshaus von KPMG in Leipzig Beethovenstraße Ecke Münzgasse, Leipzig **Bauherr** KPMG Deutsche Treuhand-Gesellschaft, Leipzig **Architekten** Schneider + Schumacher, Frankfurt am Main / Till Schneider, Michael Schumacher **Mitarbeiter** Susanne Widmer, Kristin Dirschl, Lone Nitschke-Töpfer, Peter Begon, Christian Simons, Petra Pfeiffer, Thomas Zürcher, Nicola Hartmann, Jobst Jung, Richard Voss **Tragwerksplaner** Bollinger + Grohmann, Frankfurt am Main

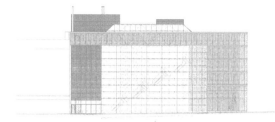

Ansicht

Grundriß

Glasfassade hinein. Gewiß, es gibt an zwei anderen Stellen im Haus Treppen, die zur Bewältigung der Verkehrsströme völlig ausreichen. Und doch ist es gerade die Stufen-kaskade, die zum Wahrzeichen des Baus geworden ist. Auf rotem Teppich, der das gesamte Innere der KPMG-Filiale bestimmt, gelangt man bis ins vierte Obergeschoß; eine etwas versteckte Wendeltreppe führt hinauf in das Abschlußstockwerk.

Atrium und Glasvorbau dienen zugleich als thermische Pufferzone, welche Licht und Wärme einfängt und somit die Energiebilanz optimiert. Unterhalb des Glasdachs abgesaugt, kann die aufbereitete Luft den Bürobereichen zugeführt werden.

Nicht nur aus ökologischen Gründen setzten die Architekten auf maximale Transparenz; auch zum Atrium öffnen sich die Arbeitsräume in geschoßhoher Verglasung. So entstehen reizvolle Durchblicke, die Atmosphäre changiert zwischen prinzipieller Offen-heit und potentieller Intimität. Ein klares Material- und Farbkonzept unterstützt den Eindruck der Zusammengehörigkeit: rote Teppiche, weiße Decken und Trennwände aus braunen MDF-Platten treten zu den grauen und silbernen Farbtönen der Stahlkonstruktion.

Mit dem gläsernen Atrium haben Schneider + Schumacher ihr Gebäude zur Stadt geöffnet und den Eindruck eines hermetischen Bürokomplexes vermieden. Leben soll in das Haus einziehen: eine Buchhandlung an der Ecke und eine Galerie haben dort bereits ihre Pforten geöffnet. An der Münzgasse, hinter dem Glasvorbau, ist Platz für ein Café, das die Architekten gerne von Ron Arad eingerichtet sähen.

Daß sich andere Investoren am KPMG-Gebäude ein Beispiel nehmen, bleibt zu hof-fen – erst dann wäre Leipzig angekommen: bei einer Baukultur, die diesen Namen verdient.

HUBERTUS ADAM

Gang, Treppe, Glasfassade

Blick auf das Dach der neuen Kassenhalle und die Umgebung

Die neue Kassenhalle

(Filiale der Deutschen Bank
in Rostock)

ARCHITEKT Jo. Franzke

ESSAY Claudia Orben

FOTOGRAFIEN Stefan Müller

Geschichten zum Umbau einer Bank

Zwei Momente charakterisieren heute ein Gebäude: sein Gewand, mit dem es nach außen tritt, und sein Grundriß, also seine Funktionstüchtigkeit. Das eigentliche Innere, die originäre Qualität der Räume tritt in der Betrachtung immer mehr in den Hintergrund. Kein Wunder, da das Interesse der Ästhetizisten primär der Oberfläche gilt, während das Augenmerk der Monopoly'isten auf die optimale Ausnutzung zielt. Der Architekt wird zunehmend zum Fassadendesigner degradiert und zum Ausführungsgehilfen pekuniärer Interessengruppen instrumentalisiert. Gerade vor diesem Hintergrund erscheint der Umbau der Filiale der Deutschen Bank in der Rostocker Innenstadt durch den Frankfurter Architekten Jo. Franzke bemerkenswert.

Die Trennung von Innen und Außen beherrscht hier nicht nur Jo. Franzkes gestalterisches Konzept, sondern bereits die Geschichte des Hauses. Mit einer straßenseitigen Fassade vereinheitlichte der Architekt Paul Korff im Jahre 1909 zwei eigenständige Gebäude, die miteinander verbunden worden waren. Außerdem wurde der rückseitig gelegene Hof mit einer dreihüftigen, eingeschossigen Kundenhalle überbaut. Paul Korff gehörte nicht zu den Architekturrevolutionären seiner Zeit. Vielmehr strebte er mit seiner klassisch klar gegliederten Fassade, die von einem stark hervorgehobenen Mittelrisaliten bestimmt wird, eine Einbindung und Vernetzung des Hauses in seine bauliche Umgebung an. 1993 wurde das unter Denkmalschutz stehende Gebäude von der Deutschen Bank erworben. Franzkes Projekt, entstanden und ausgewählt im Rahmen eines von der Deutschen Bank durchgeführten Wettbewerbs, respektierte die Qualitäten des Vorhandenen allerdings nur dort, wo sie tatsächlich vorhanden waren – eben in der Fassade.

Die denkmalgeschützte Hauptfassade

Durch den Umbau zu Beginn des Jahrhunderts und nachträgliche Veränderungen hatten sich zahlreiche Niveauunterschiede innerhalb des Gebäudekomplexes und insbesondere in der Erschließung ergeben. Hinzu kam der schlechte Erhaltungszustand der gesamten Bausubstanz. Auch die Anpassung des Gebäudes an die heute gültigen Brandschutzbestimmungen erschien problematisch. Die wirtschaftliche Rentabilität des Projektes sprach ebenfalls für einen Abriß. Eine klassische Sanierung wäre weitaus aufwendiger geworden.

Das Denkmalamt entschied, daß die Fassade erhalten werden müsse. Daran knüpfte Jo. Franzke mit seinem Entwurf an. Statt Energie für eine nostalgische Spurensuche zu verschwenden, entwickelte er hinter der historischen Fassade einen kompletten Neubau. Sein Projekt respektiert dabei die Maßstäblichkeit der umliegenden Bebauung und reflektiert mit einem Rekurs auf die klassischen Architekturelemente die Geschichte des Ortes, an dem sich zu Beginn des letzten Jahrhunderts eine fünfschiffige Kirche befand.

Städtebauliche Situation

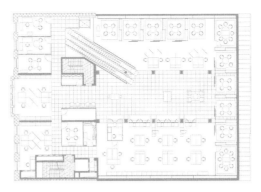

Grundriß der Kassenhalle

Die dominante straßenseitige Fassade wurde hingegen sorgfältig saniert. Subtile Veränderungen mußten allerdings vorgenommen werden, um das Gebäude auf seine neue Bestimmung vorzubereiten. So wurden die Fensterbuchten im Erdgeschoß komplett geöffnet, da die Bank große Flächen im Basement an ein Handelsunternehmen vermietet hatte und sich selbst in das erste Obergeschoß – wie dies übrigens im letzten Jahrhundert durchaus üblich war – zurückzuziehen gedachte.

Das zentrale Mittelportal ist dem Geschäftslokal vorbehalten, während die Räumlichkeiten der Bank von den Kunden durch einen Nebeneingang betreten werden. Auf ein Foyer verzichtete die Bank, statt dessen gelangt man in einen durchgehend geöffneten Servicebereich, in dem sich diverse Terminals zur Selbstbedienung befinden und der durch eine Trennwand sicher abgeschottet werden kann. Der Übergang in das im ersten Stock befindliche Kundenzentrum erscheint räumlich und funktional fließend. Zwei auffallend schmale und elegant gedrehte Rolltreppen führen den Bankbesucher in das Obergeschoß. Ein gläserner Fahrstuhl im rückwärtigen Teil des Eingangsraums dient der behindertengerechten Erschließung. Durch die räumliche Organisation der öffentlichen Bereiche sind größere Raumzusammenhänge mit einem Blick zu erfassen. Großzügigkeit und die basilikale Gliederung des Raumes durch regelmäßige Sandsteinpfeiler prägen die Schalterhalle. Bei der Wahl des Materials beschränkte man sich auf einige wenige, immer wiederkehrende Werkstoffe. Naturstein und Glas sind charakteristisch für das reduzierte und geometrische Gestaltungskonzept. Es war dem Architekten ein Anliegen, auch das vom italienischen Designer Michele de Lucchi entwickelte Bankmöbelsystem in seine Architektur zu integrieren und es nicht als Fremdkörper erscheinen zu lassen.

Trotz Einfachheit, Dichte und gewiß auch konventionellen Lösungen gleitet hier nichts in Banalität ab. Deutlich wird die Intention des Architekten, Klarheit und Ordnung zu transportieren.

Wesentlich unterstützt wird das Konzept durch eine geschickte Lichtführung: Natürliches Tageslicht dringt durch die Glasdächer der Seitenschiffe in den Raum. Als Hauptlichtquelle fungiert allerdings die Leuchtdecke im Mittelschiff der Halle, die sich auf die Lichtdecke der zerstörten Kundenhalle des Vorgängerbaus bezieht. Dahinter verbirgt sich kein Wille zum Zitat, vielmehr scheint aus dem Zusammenspiel moderner Materialität und sinnlicher Wahrnehmung eine Sprache generiert, die gleichzeitig die zeitgenössische Form und die Geschichte des Ortes erfahren läßt. Eine Verbindung wurde geschaffen, aber nicht durch eine vereinheitlichende Gestaltung, die Übergänge verschleift, sondern, im Gegenteil, indem das Gestern und das Heute getrennt und die zeitlichen Schichtungen offen gezeigt werden.

Dieser Umbau zeichnet sich nicht durch modische Stilelemente aus, sondern durch die Angemessenheit der Form.

»Er war ein gediegener Meister, der seine Bauten in die gewachsene Umgebung einfügen wollte, der aber so lebendig an seiner Zeit teilnahm, daß seine Bauten trotz ihrer traditionellen Formensprache den Geist ihrer Entstehungszeit auch noch heute mitteilen«, wird der Architekt Paul Korff von einem Biographen beschrieben.

Jo. Franzke setzt diese Tradition fort.

CLAUDIA ORBEN

Filiale der Deutschen Bank Kröpeliner Straße, Rostock   **Bauherr** DEBEKO Immobilien GmbH & Co. Grundbesitz OHG   **Architekt** Jo. Franzke, Frankfurt am Main   **Mitarbeiter** Mariano Rincón Díaz   **Elektrotechnik / Lichtplanung** Kolbe & Sekles, Berlin   **Haustechnik** Pahnke + Partner, Karben   **Tragwerksplanung** Lorenzo + Röder, Frankfurt am Main

Die Rolltreppe *Blick hinaus durch das Glasdach*

Hauptansicht vom Dittrichring mit der Stadtloggia

(Verwaltungszentrum der Dresdner Bank in Leipzig)

ARCHITEKTEN KSP Engel und Zimmermann

ESSAY Thomas Topfstedt

FOTOGRAFIEN Stefan Schilling

Moderne Architektur im Leipziger Stadtzentrum

Die Dresdner Bank, die in der bewegten Geschichte des Bankenplatzes Leipzig seit 1909 eine herausragende Rolle spielt, hat 1996 den Sitz ihrer Leipziger Niederlassungsleitung wieder in ihrem angestammten, 1910/11 nach dem Entwurf von Martin Düfler erbauten Hauptgebäude am Augustusplatz eröffnet. Zeitlich parallel ließ das Unternehmen einen ambitionierten Neubau am Dittrichring errichten, der die Büros der internen Niederlassungsabteilungen sowie das Schulungszentrum der Dresdner Bank für Westsachsen, Thüringen und Sachsen-Anhalt enthält. 1993 wurde ein offener einstufiger Wettbewerb durchgeführt, den das Architekturbüro KSP Engel und Zimmermann aus Frankfurt am Main gewann. Die Bauausführung des Verwaltungszentrums begann im Januar 1995 und konnte nach knapp zwei Jahren im Dezember 1996 abgeschlossen werden.

   Die baukünstlerisch tragende Idee des Gebäudes ist die eigenwillige Großform der Eingangshalle mit ihrer dem Dittrichring zugewandten Rasterfassade, für die die Architekten den einprägsamen Namen Stadtloggia gefunden haben. Sie gibt dem in der historischen Topographie vorgezeichneten Dreiecksplatz wieder eine klare räumliche Begrenzung und entspricht damit der besonderen städtebaulichen Situation des Ringstraßenabschnittes. Hinter der als transparente Platzwand erscheinenden Stadtloggia liegt die eigentliche, als Innenfassade ausgebildete Fassade des Kopfbaus mit den Konferenz-, Seminar- und Pausenräumen des Schulungszentrums. Zum einen ist die Stadtloggia mit ihren beiden Haupteingängen und der zweiläufigen Treppe eine halböffentliche Verkehrsfläche, die den Stadtraum mit dem Bankverwaltungsbau verbindet, zum anderen schirmt sie vom Lärm der Straße ab und sorgt für die Belüftung der Räume im Kopfbau. Über die genannten Funktionen hinaus aber bietet sich die Eingangshalle aufgrund ihrer imposanten Größe und vor allem wegen ihrer für die Durchführung von Kunstausstellungen idealen Lichtverhältnisse als ein Raum der kulturellen Kommunikation an. Sie könnte ein im Kulturleben der Stadt ähnlich wichtiger Ort werden wie die Kuppelhalle im Hauptgebäude der Dresdner Bank am Augustusplatz, vielleicht sogar ein Ort der Entspannung im städtischen Getriebe, der zum Verweilen einlädt, wenn erst einmal das geplante Café in der Eingangshalle eingerichtet sein wird.

   Hinter dem Kopfbau befinden sich die zweibündig organisierten Bürotrakte. Sie erstrecken sich in die Tiefe des unregelmäßig geschnittenen Grundstücks und sind um zwei Binnenhöfe angeordnet, welche die nicht an der Gebäudeaußenseite liegenden Büros optimal mit Tageslicht versorgen. Dank der überlegten räumlichen Verknüpfung aller Funktionen sind die internen Verkehrswege zur vertikalen und horizontalen Erschließung des Bauwerkes benutzerfreundlich kurz gehalten. Zum konstruktiven System des Gebäudes sei bemerkt, daß es ein Stahlbetonskelettbau mit einem Konstruktionsraster von 7,5 Metern und einem Ausbauraster von 1,5 Metern ist.

Städtebauliche Situation

Nähert man sich dem Verwaltungszentrum der Dresdner Bank aus Richtung Thomaskirche, so ist die fünfgeschossige Stadtloggia mit einem Blick erfaßbar als breit gelagerte, strenge und doch außerordentlich leicht und transparent wirkende Rahmenstruktur. Sie wird überhöht durch das zurückgesetzte Dachgeschoß und überfangen von einem schräg in den Stadtraum hineinragenden Flugdach. Je nach Betrachtungswinkel ändert sich die Ansicht mit einer geradezu verblüffenden Dynamik. Trotz der vermeintlich »einfachen« Baukomposition scheint sich das Zusammenspiel der Stadtloggia mit der weit ausladenden, gleichsam schwebenden Dachfläche einer rationalen Erklärung zu entziehen. Diesen *trompe-l'œil*-Effekt ermöglicht ein technisch aufwendiges, nach dem Hängebrücken-Prinzip funktionierendes Pendelstützen-Dachtragwerk. Beim näheren Hinsehen erweist es sich, daß das Flugdach keineswegs schief zum Baukörper steht. Es verläuft parallel zur inneren Fassade des Kopfbaus, so daß nicht das Dach, sondern nur die Stadtloggia gegenüber der Längsrichtung des Bauwerks verschwenkt ist. Dieses eigenwillige Sonnenschutzdach erscheint zu jeder Tageszeit, bei jedem Wetter und in jedem Betrachtungsabstand anders. Die wie eine horizontal aufgespannte Jalousie zersträhnt wirkende Fläche läßt selbst den grauesten Himmel zwischen den Lamellen silbrig aufleuchten. Seine wesentliche baukünstlerische Funktion aber ist die Erzeugung einer suggestiven Raumwirkung, wodurch der weit von der Straße zurückgesetzte Bau mit seiner Umgebung optisch verschränkt wird. So hebt sich die Fassade des Verwaltungsgebäudes in ihrer Struktur und ihrer Materialität nachdrücklich von der beiderseits anschließenden Ringbebauung des 19. Jahrhunderts ab, ohne das Kontinuum des Stadtraumes zu zerstören. Betont werden muß, daß die recht abrupte Schwenkung der Bauflucht aus dem Verlauf der Ringstraße schon seit dem vorherigen Jahrhundert besteht. Mit dem Neubau ist diese Situation wiederhergestellt und in einer zeitgenössischen Architektursprache interpretiert worden. Ohne direkt am Straßenrand zu stehen, besitzt das Gebäude starke Präsenz im Bild des Dittrichrings, vergleichbar einem souveränen Redner, der sich gar nicht besonders laut zu Wort meldet und sich dennoch mühelos Gehör zu verschaffen weiß.

Schon bald nach seiner Inbetriebnahme ist das Gebäude ein integraler Bestandteil der vielschichtigen Baulandschaft der Leipziger Innenstadt geworden. Zum vollständigen Abschluß aber wurde das ambitionierte Bauvorhaben erst mit der im Februar 1998 begonnenen Freilegung des Pleißemühlgrabens gebracht. In seinem gemächlich dahinfließenden Wasser spiegelt sich nun die Stadtloggia, die durch zwei Fußgängerbrücken mit dem neu gestalteten Vorplatz und dem Dittrichring verbunden ist.

Geschichte ist nicht wiederholbar, aber sie kann fortgeschrieben werden. In diesem Sinne ist der Bau des Verwaltungszentrums der Dresdner Bank für die Stadt Leipzig in mehrfacher Hinsicht ein Gewinn. Die Vorbildlichkeit der baulichen Lösung liegt vor allem darin, daß es mit diesem signifikanten Gebäude gelang, ohne historisierende Anleihen eine der städtebaulich sensibelsten Baulücken des Promenadenrings wieder zu schließen. Zugleich ist mit dem freigelegten Abschnitt des Pleißemühlgrabens ein wichtiger Beitrag zur Aufwertung des öffentlichen Stadtraumes und zur langfristigen Regenerierung des für Leipzig einst typischen Netzes seiner innerstädtischen Wasserläufe geleistet worden.

THOMAS TOPFSTEDT

Verwaltungszentrum der Dresdner Bank AG in Leipzig Dittrichring, Leipzig **Bauherr** Merkur Grundstücks-Gesellschaft mbH, Berlin **Architekten** KSP Engel und Zimmermann Architekten BDA, Frankfurt am Main **Mitarbeiter Wettbewerb** Heinz Mornhinweg, Gunther Götz, Roland Summ, Uwe Bordt, Frank Röper, Martina Lasse, Michaela Schwartz, Dariush Sattari, Tamara Z.-Grüngras **Mitarbeiter Planung** Heinz Mornhinweg, Barbara Schmolling, Kerstin Krämer, Ulrich Lembke, Frank Röper, Rolf Lauterbach, Javier Palancares-Hoyer, Markus Deckert **Mitarbeiter Bauleitung** Katrin Nagel, Bodo von Kutzleben, Thomas Dobberstein **Tragwerksplanung** BGS Bollinger + Grohmann, Frankfurt am Main **Lichtplanung** Lichtdesign GmbH, Köln **Außenanlagen** E. L. Sommerlad, Gießen

In der Stadtloggia

Hof mit Wendeltreppe

Blick auf die Stadt

Ansicht Taubenstraße　　　*Der Haupteingang*

⦗ National Office der KPMG in Berlin ⦘

ARCHITEKT Christoph Mäckler

ESSAY Oliver Elser

FOTOGRAFIEN Dieter Leistner, Stefan Müller

Schwebende Schwere

Wer Christoph Mäcklers Bauten aus Frankfurt kennt, der mußte sich in Berlin bisher stets ein wenig wundern. Bei seinem Lindencorso Unter den Linden ist die gewohnt skulpturale Formensprache lediglich an einigen Details zu erkennen. Dem Gebäude als Ganzes ist anzumerken, daß es in die erregten Debatten über das »Steinerne Berlin« hineinentworfen wurde: ein Spätdreißiger-Jahre-Remake als Tribut an eine Architekturdebatte, die aus Angst vor billigem Bauwirtschaftsavantgardismus nur noch den konservativen Ableger der Moderne gelten ließ.

Im Schatten des großen Projektes an prominenter Stelle entstand in der Taubenstraße ein vergleichsweise kleines Bürogebäude für das Wirtschaftsprüfungsunternehmen KPMG, das dorthin sein *National Office* mit zirca 180 Mitarbeitern verlegt. Ob die kulturkämpferische Diskussion über die »steinernen Häuser« in Berlins Mitte einen anderen Verlauf genommen hätte, wenn die KPMG-Verwaltung früher bekannt gewesen wäre? Denn mit diesem Kleinod vollführt Mäckler einen gestalterischen Spagat. Er bringt gewissermaßen die »Frankfurter« und die »Berliner« Tendenzen seiner bisherigen Bauten zur Synthese und unterläuft damit die eingefahrenen Begriffe von »Tradition« und »Modernität«.

Bereits beim Lindencorso hatte Mäckler anfangs vorgeschlagen, die Fassade nicht in Stein auszuführen, sondern sie verputzen und ein Fugen-Muster hineinritzen zu lassen, wie es im märkisch-sandigen Berlin aus Mangel an Steinbrüchen lange Zeit üblich war. Beim KPMG-Gebäude schließlich realisiert, formt die sandfarbene Putz-Fassade ein großes Tor. Ungewöhnlich für Berliner Verhältnisse, erinnert es in seiner selbstbewußten Rigorosität an Werke der französischen Revolutionsarchitektur und nicht an die rational-seriellen Bauten des vielzitierten Ahnherrn für das »Neue Berlin«, Karl Friedrich Schinkel.

Erst ab dem dritten Obergeschoß sind filigrane Fenster eingesetzt, die mit ihren schräg eingeschnittenen Laibungen die strikte Symmetrie der Fassade noch zusätzlich betonen. Der Weg in die dahinterliegende glasgedeckte Halle, auf die die Büros im Innern mit raumhohen Scheiben orientiert sind, führt von der Straße eine tief eingeschnittene »barocke« Kreissegment-Treppe empor. Der Besucher taucht dabei unter einem Betonkörper hinweg, der hier wie ein Baldachin den Weg begleitet, zur Straße aber als vollplastischer, bei aller Schwere geradezu schwebender Rohling die Blicke auf sich zieht. Und auch zurückzuschauen scheint wie ein Zyklopenauge. Tatsächlich aber birgt der Betonkörper einen von insgesamt vier Konferenzsälen, während für die Überwachung direkt daneben montierte Videokameras zuständig sind.

Trotz der Kameras und obwohl der tiefe Hauseingang von innen einsehbar ist, versperren ihn nachts und am Wochenende ausfahrbare Stahltore. Andere Barrieren sind subtiler gehalten: Der Innenbereich der gläsernen Halle ist so weit abgesenkt, daß von der Straße aus nicht einsehbar ist, ob dort gerade etwas stattfindet; der Blick ginge über die Köpfe der geschlossenen Gesellschaft hinweg.

Es zählt zu den Eigenheiten von Mäcklers Architektur, daß solche Realitäts-
anforderungen das Entwurfskonzept eher bereichern, als es zu schwächen. Auch der Platz-
mangel in der Baulücke erzwang Lösungen – wie etwa die Treppenkaskade in der Glashalle
– die aus purer Notwendigkeit zu überraschenden Erfindungen führen. Letztlich ist selbst
die Halle eine solche Lösung: Geschaffen, weil nur so die Büroräume mit Tageslicht versorgt werden konnten, wird sie zum Zentrum, in dem das Unternehmen sich selbst gegen-
übertritt. Hier sieht jeder jeden, der sich nicht hinter Grünpflanzen verschanzt. Eingefaßt
von KPMG-blauen Wänden trägt der schwebende Beton-Sitzungssaal etwas von der lichten,
gänzlich unideologischen Stimmung der Halle nach außen. Dort aber herrschen, jedenfalls
für einen Architekten wie Mäckler, andere Gesetze. Beton brut trifft da auf Putz, die
Corbusier-Moderne auf einen Sturm-und-Drang-Klassizismus. Daß Extreme auch in Berlin
nebeneinander bestehen können, hat Christoph Mäckler nun doch noch bewiesen.

OLIVER ELSER

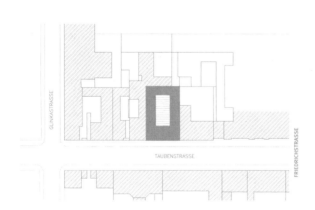

Ansicht der Büros zum Innenhof

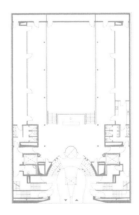

Städtebauliche Situation　　　*Grundriß Eingangsgeschoß*

KPMG National Office Taubenstraße, Berlin-Mitte　**Bauherr** KPMG Deutsche Treuhand-Gesellschaft, Berlin　**Architekt** Christoph Mäckler, Frankfurt am Main　**Projektarchitekt**
Jan Pieter Fraune　**Mitarbeiter** Torsten Künzel, Silke Lüdemann　**Tragwerksgestalter** Bollinger + Grohmann, Frankfurt am Main

Der Innenhof, Blick nach innen

Der Innenhof in Richtung Haupteingang

»The Loss of small

William Forsythe und das Ballett Frankfurt

Fotografie DOMINIK MENTZOS, Frankfurt am Main

GONEFISHING

RADICALS ROAMING AROUND THE ROOM.
RETICENT, REMINISCING.
CURED, BUT NOT CARING.
EX/SPENDING. AROUND A S/CENT.
THE REM ROOM. COMBING FOR RADICAL CURES,
FOR THE CARED-FOR: THOSE IN ROOMS
REMEMBERED BY THE CURED.
THE MEMORY OF ROME, BUT NOT THE EXPENSE.
AROUND A ROOM: THE CASING; THE CORP,
CURED AND RATHER ROUND. A. A COMB.
COMBING THE UNCARED, THE UNKEMPT.
FOR TWO CENTS, AND A HAIR.
CUT: A RADIAL ROOMING ARRANGEMENT.
A NEAR MISS. AS VIRTUAL MISSES.
MASSES FOR THE VIRTUOUS; THE MISSING.
MASKED AND VICIOUS.
RAGING IN THE MARKED ROOMS, COMBING.
COMBINING, CULMINATING IN THE RADICAL CATASTROPHE.
A COLLAPSE OF MASS; MAKING ROOM FOR EXPANSION.
NEW ROOMS, NEW LURES.
THE SCENT IN OUR NEW NOSES.
ROSES FOR THE CENTENNIAL.
IN CASED. YOUR WONDERING, WANDER BY THE VITRINES:
THE CLAWS IN CASE OF CATASTROPHE. C.D.
ARWIN'S-NAKED ROOMS FULL OF ROSES.
RAISED BY THE VISIONARY RADICALS OF ROME.
A HOME WITH NO CENT IS NO ROOM,
RATHER THE CULMINATION OF MASKED INTENTIONS.
THE INTERNS, CLAWING THE CURED.
THE EXTERNAL KUR, THE WELL, THE WASTE,
COMBING THE SIDE OF A COUNTRY.
THE MASSES COLLAPSE AND, VOILA: 100.
A NEW CASE. COMBIEN DE FOIS. ONE HUNTER.
INVADERS, MASKS. MONEY.
WASTED MARAUDERS IN THE EXPERIMENTAL WARD.
EXTERIOR: CUMULUS, CLOUDS ON OUR MONEY. OUR MEMORY.
MATRICULAR. MUSCUL. HEAD WITH THE FLESH GONE.
FISHING FOR THE 100TH HUNTER. WITH THE NAKED EYE.

Detail «

Das große Dach

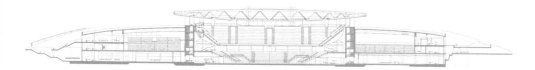

Schnitt durch die Arena

Max-Schmeling-Halle
in Berlin

ARCHITEKTEN Dietz · Joppien

ESSAY Claus Käpplinger

FOTOGRAFIEN Andreas Süß

Reif für Hollywood

Die Entstehungsgeschichte der Max-Schmeling-Halle wäre ein Stoff, an dem die Film-industrie viel Gefallen finden könnte. Das Drehbuch? Ein junges Frankfurter Archi-tektenteam, das gerade einmal einen Laden umgebaut hat, setzt sich in einem großen Architektenwettbewerb gegen eine renom-mierte internationale Konkurrenz durch und erhält auch tatsächlich den Planungsauftrag. Es folgt: der Kampf um den Bau, begleitet von unwilligen Bauherren, ständigen Kürzun-gen und einem immer umfangreicheren Nutzungsprogramm. Dennoch gelingt es den Newcomern, auf alle noch so kleinlichen Bedenken der vielköpfigen Auftraggeber eine Antwort zu finden. Schließlich, am Tage der Eröffnung Ende 1996, als die bis dann in West-Berlin beheimatete Basketballmann-schaft mit ihren Fans in den ungeliebten Osten umzieht, ereignet sich der triumphale Showdown.

Ansicht vom Mauerpark

Sehr Gegensätzliches findet sich dabei in der Max-Schmeling-Halle vereint: Der Bau ist zwar riesig – die Grundfläche beträgt etwa 170 mal 100 Meter –, dennoch tritt er vor Ort kaum in Erscheinung. Von der Nutzung und der Organisation her handelt es sich bei ihm um einen komplexen Mehrzweckbau, trotzdem wird er von den Menschen als eine Einheit wahrgenommen. Und obwohl die große Halle in seinem Inneren unterirdisch plaziert wurde, würde niemand sagen, daß sich der Bau seiner Umgebung verschließt. Befürchteten im Juli des Jahres 1992, als die Ergebnisse des Architektenwettbewerbs der Öffentlichkeit präsentiert wurden, nicht wenige Beobachter, die jungen Architekten Albert Dietz, Anett Eisen-Joppien und Jörg Joppien würden mit ihrem ungewöhnlichen Konzept den Sport insgesamt in die Unterwelt verbannen, beweist nun die fertige Max-Schmeling-Halle das Gegenteil. Ausgerechnet sie, die ihre Existenz einer letztendlich an der Polarisierung der Menschen vor Ort gescheiterten Kandidatur Berlins für Olympia 2000 verdankt, ist nun zu einem der seltenen Berliner Mirakel der neunziger Jahre geworden. Mit ihrer ungewöhnlichen Architektur und nicht zuletzt wegen der Popularität der ungemein erfolgreichen Basketballmannschaft Alba Berlin entwickelte sie sich zu einem Ort, der beide Stadthälften verbindet. Dabei standen sich bis vor kurzem hier, am ehemaligen Mauerstreifen, jahrzehntelang Ost und West unmittelbar und unversöhnlich gegenüber. Doch die Architekten wichen dieser Situation nicht aus. Mit ihrem Projekt suchten sie statt dessen die Nähe zur früheren Grenze und gruben die Baukörper genau in die mit Kriegstrümmern aufgeschütteten Flanken des alten Ludwig-Jahn-Stadions. Die verglaste Breitseite öffnet sich dagegen zu den Grünflächen des nahen Falkplatzes.

In dem schon von weitem durch das Häusermeer erkennbaren Dach der Halle kann man eine technische Plastik erkennen. Sie markiert das Zentrum, den Ort, an dem die Wettkämpfe stattfinden. Das weitverzweigte Innenleben hingegen mit den unterschiedlichen, dem Bezirks- und dem Schulsport gewidmeten Bereichen teilt sich nach außen kaum mit. Allein die zentrale Arena mit den großen Seitenhallen erschließt sich dem Besucher bereits vor seinem Eintritt. Von der einzigen tribünenfreien Seite betritt er einen licht- und luftdurchfluteten Sportplatz – einen überaus klaren Raum, dessen Begrenzungen nur aus den drei Materialien Stahl, Glas und Beton bestehen und bei dem sämtliche technischen Installationen hinter das architektonische Konzept zurücktreten. Das abgesenkte Spielfeld, die auskragenden Tribünenkörper, die großzügig dimensionierten Wandelgänge und der imposante Dachkörper sind gestalterisch so aufeinander abgestimmt, daß trotz der ungeheuren Größe und der Masse jedes einzelnen Elements ein Eindruck von Schwere gar nicht erst aufkommt. So wirkt das über 68 Meter gespannte Dach mit seinen vierzehn fischbauchförmigen Fachwerkbindern so, als würde es schwerelos über dem umlaufenden Lichtband schweben. Erzeugt wird dieser Eindruck dadurch, daß die schlanken Stützen, auf denen das mächtige Tragwerk ruht, im Gegenlicht kaum auszumachen sind.

Sie strahlt eine heitere Großzügigkeit aus, diese Wettkampfarena. Spannungsvoll weitet sich der Raum zum Spielfeld hin, um an den Rändern eine Verdichtung zu erfahren. Dort erheben sich die mächtigen Betonschaufeln der Tribünen. Über Licht- und Luftschlitze von der Hallenwand getrennt, wirken sie wie auch die an der Kopfseite angeordneten offenen Treppen und die Galeriezone schwerelos. Zwischen den Tribünen, den verschiedenen Ebenen und den mächtigen Tragwerken entstehen zugleich schluchtenartige, ja schwindelerregende Räume von großer Attraktivität. Brücken, Schlitze, Spalten und eingestellte Körper sorgen genauso für eine räumliche Vielfalt wie das Tageslicht, das durch eine Vielzahl an Fenstern immer wieder seinen Weg in den Bau findet, und die überraschenden Ausblicke auf die Stadt. Oben und Unten, Innen und Außen, Weg und Raum – hier wollen sie ausdrücklich entdeckt werden. Keiner anderen Sporthalle gelingt es in dem Maße wie der Max-Schmeling-Halle, eine solch lockere Atmosphäre für Versammlungen mit bis zu 10.000 Zuschauern zu inszenieren. Hier ist mehr entstanden als nur eine Sporthalle: nämlich ein lebendiges Stück Stadt.

CLAUS KÄPPLINGER

Die Arena

Max-Schmeling-Halle Jahn-Sportpark, Cantianstraße, Berlin-Prenzlauer Berg **Bauherr** OSB Olympia Sportstättenbauten GmbH, Berlin **Architekten** Dietz · Joppien, Frankfurt am Main und Potsdam / Albert Dietz, Anett Eisen-Joppien und Jörg Joppien, Berlin **Mitarbeiter** Christian Aulinger, Andrea Benze, Brigitte Bohnen, Susanne Dallmeyer, Roland Duda, Dietmar Frosch, Gerhard Geiss, Elke Griech, Paul Gronemeyer, Ralle Huber, Ulli Neumann, Monika Odermatt, Elke Schäfer, Dorothee Stürmer, Tobias Wolfrum **Sportfunktionale Planung und Realisierung** mit Weidleplan Consulting GmbH **Statisch-konstruktive Beratung** Ingenieursozietät BGS, Frankfurt am Main und Berlin

Die Tribünen   *Zwischen den Tribünen*   *Der Gang unter den Tribünen*

Die große zentrale Halle

⌜ Büro- und Geschäftszentrum
Lindencorso ⌝
in Berlin

ARCHITEKTEN Christoph Mäckler

ESSAY Heinrich Wefing

FOTOGRAFIEN Dieter Leistner/Architekton

Die Unfähigkeit zu Mauern

Der neue »Lindencorso« von Christoph Mäckler unterscheidet sich von den benachbarten Bauten der Kollhoffs, Dudlers und Sawades im Fassadenquerschnitt nur durch ein wenig Mörtel und ein paar Zentimeter Kalkstein: Statt wie diesen dem Betonskelett der immergleichen Berliner Bürokisten hauchdünne Natursteinplatten vorzukleben, hat Mäckler die tragende Konstruktion mit massiven Werksteinen verkleidet, die bis ins dritte Obergeschoß aufgemauert sind. Dadurch gewinnt seine Fassade im Vergleich zu den Nachbarn erheblich an Tiefe, an sinnlicher Qualität, an haptischem Reiz. Zugleich beweist das nüchterne Geschäftshaus, daß die Wiederentdeckung der Geschichte, die Rekontextualisierung des Bauens, von dem die selbsternannten preußischen Rationalisten reden, nicht zwangsläufig zur endlosen Repetition hochglanzpolierter Quadrat-Raster führen muß.

Wie die wortmächtigen Schinkel-Adepten predigt auch Mäckler eine Architektur, die dem nagenden Zahn der Zeit etwas zu beißen gibt. Dabei ist er aber kein Dogmatiker. Viele seiner bisherigen Bauten tragen ein herbes Klinkerkleid, das zwischen Rot und Blau changiert, andere sind aus Sichtbeton oder ganz aus Glas. Unter den Linden erwies der Frankfurter Architekt dem traditionsreichen Ort seine Reverenz, indem er zum ersten Mal ein Haus aus Naturstein gebaut hat: Sandsteingewände rahmen die langen Reihen strichdünn profilierter Metallkastenfenster in unterschiedlichen Formaten. Statt geklebter Kanten oder klaffender Fugen formulieren massive Winkelsteine die Gebäudeecke. Die horizontale Kannelur der sandfarbenen Kalksteinverkleidung belebt sich im Spiel von Licht und Schatten. Und ein monumentaler, schwarzgrüner Quader inszeniert den Aufgang zu den Büroetagen an den Linden mit großer Geste.

Obwohl Mäckler sich traditioneller Baustoffe bedient, glaubt er das Neue Bauen doch keineswegs am Ende. Nur die Unfähigkeit zu altern müsse der ewig zukunftsversessenen Moderne ausgetrieben werden, ihre Entwurfsgedanken in patinafähige Materialien übersetzt werden. So erinnert die Großform seines steinernen Berliner Hauses nicht zufällig an Erich Mendelsohns Mosse-Haus. Wie dort umgeben schartenartig vorgeschrägte Laibungen die Fensterfolgen, triumphiert die Horizontale. Die stürmisch gleitende Form des Vorbildes allerdings ist trotz der prominenten Lage des »Lindencorso« zum kantigen Kubus ausgenüchtert. Während sich das Mosse-Haus elegant in die Kurve legt, stellt Mäckler lediglich zwei Fassaden in die Ecke: Jene zur Friedrichstraße mit einer hohen Arkade trifft schlicht im rechten Winkel auf die neunzig Meter lange Lindenfront.

Ihre Gliederung in Sockel, Körper und Dachzone deutet die Nutzungsmischung des Hauses an: Hinter den großen Glasflächen der ersten beiden Etagen warten Geschäfte auf Mieter und Käufer, ganz oben, in zwei zurückspringenden Dachgeschossen, liegen ein paar Appartements, dazwischen Büros. Was sonst. Deren Gestaltung allerdings erweist sich auch bei Mäckler als eher banale Angelegenheit: Maximale Rendite erfordert maximale Flexibilität, also Standardisierung bis ins Detail. So wiederholt sich hinter den regelmäßig durchfensterten Außenwänden zuverlässig die Dreieinigkeit von Fenster, Heizkörper und Fußbodenklappe für die Verdrahtung der Computer und Telefone. Das Chefbüro in der

Ansicht Unter den Linden

Gebäudeecke unterscheidet sich von der Bürozelle des Sachbearbeiters allein dadurch, daß es Fenster in zwei Himmelsrichtungen besitzt.

Auch der namengebende »Corso« in den unteren drei Geschossen des Gebäudes, der seit der Eröffnung leersteht, kommt trotz perfekter Details über gehobenen Standard kaum hinaus, verzichtet aber immerhin auf den passagenüblichen Messingschnickschnack. Glasbrücken verbinden die umlaufenden Emporen, zu denen ein gespreiztes Rolltreppendoppel hinaufführt. Leider ist die Ladengalerie nur im Bereich zweier Innenhöfe überglast: In der Mitte zwischen ihnen lastet schwer ein Gebäuderiegel über der langgestreckten Halle, unter dem die Passage gleichsam hindurchtauchen muß.

Seine 9.000 Quadratmeter Einzelhandelsfläche und 18.000 Quadratmeter für Büros machen den »Lindencorso« zum größten Neubau Unter den Linden. Der Block erstreckt sich über mehrere ehemalige Parzellen und nimmt nahezu das ganze Straßengeviert ein. Nur an der Charlottenstraße erinnert noch ein altes Geschäftshaus an die einstige Kleinteiligkeit der Bebauung. Dieser Nachbar offenbart auch, daß die gern beschworene traditionelle Berliner Traufhöhe von zweiundzwanzig Metern nur *pro forma* eingehalten worden ist. Weitere Geschosse hinter der Trauflinie verschieben Gewichte und Proportionen. Von der schmalen Friedrichstraße aus sind die acht Meter hohen Aufbauten dank einer weit vorkragenden Attika kaum zu erkennen, noch weniger aus der steilen Klamm der rückwärtigen Rosmarinstraße. An den Linden hingegen drängen die draufgesattelten Etagen trotz verschleiernden Pergola unübersehbar ins Blickfeld – und stören.

Dem vorauseilenden Gehorsam der Stadt gegenüber den Wünschen bauwilliger Investoren aber stehen Architekten machtlos gegenüber, so redlich sie sich – wie Mäckler – auch bemühen mögen, die enorme Baumasse zu bewältigen. Da wird schon die zweigeschossige Arkade entlang der Friedrichstraße zum Sieg über die Renditemaximierungsstrategen, weil sie dem Bauherrn einen schmerzlichen Verzicht auf vermietbare Fläche abnötigt. Dieser Verlust für die private Bilanz aber beschert dem Gemeinwesen einen hübschen Zugewinn, gibt sie der Kreuzung zweier mythenbeladener, aber ramponierter Boulevards doch einen Hauch großstädtischer Eleganz zurück.

HEINRICH WEFING

Büro- und Geschäftszentrum Lindencorso Unter den Linden, Berlin-Mitte   **Bauherr** Lindencorso Grundstücksgesellschaft, Berlin   **Architekt** Christoph Mäckler, Frankfurt am Main   **Projektarchitekten** Jan Pieter Fraune, Beate Grimm, Thomas Mayer   **Mitarbeiter** Sergio Canton, Benedikt Jakob, Julia Klein, Silke Lüdemann, Simone Walser, Susanne Widmer   **Tragwerksgestalter** Dr. Weihemüller-Dr. Vogel; Pahnke + Partner, Wiesbaden

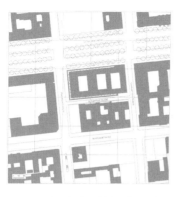

Städtebauliche Situation

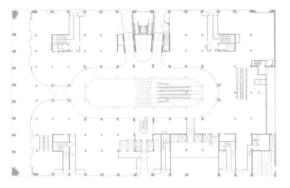

Grundriß Eingangsgeschoß

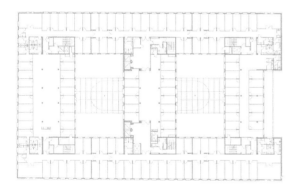

Grundriß Obergeschoß

Fassadenausschnitt

Der neu entstandene Platz und der Neubau

(Bürgerhaus)
Guntersblum

ARCHITEKT Zvonko Turkali mit Harald Bechler

ESSAY Christof Bodenbach

FOTOGRAFIEN Meyer + Kunz

Freiheit und Bindung

Guntersblum ist ein kleiner Ort am Rhein, gut 25 Kilometer südlich von Mainz. Die umliegende, sanft gewellte Kulturlandschaft ist geprägt vom Weinbau; die Bauten des Dorfes bieten keinerlei Anlaß zur Begeisterung. Am Rande des alten Ortskerns steht seit 1929 die große, mit einem Satteldach versehene Turnhalle, die seit geraumer Zeit nicht nur sportlichen Zwecken dient. Das Gebäude, das während des ganzen Jahres von den zahlreichen Vereinen und Gruppierungen genutzt wird und, typisch für die Region, zwischen dem 11.11. und Aschermittwoch absolute Hochsaison hat, bot für diese Nutzungen nur sehr unbefriedigende Voraussetzungen. Es gab neben dem eigentlichen Saal keine vernünftig verwendbaren Nebenräume, die Erschließungssituation war katastrophal, die Technik überaltet. Eine kleine Stadtbücherei stand zudem seit langem ganz oben auf der Wunschliste der Bürger. So entschloß sich der Gemeinderat zu Umbau und Erweiterung und führte – ungewöhnlich genug – ein Gutachterverfahren mit drei Architekten durch.

Das klare, Alt und Neu deutlich formulierende Konzept von Zvonko Turkali überzeugte auf Anhieb. Der Bestand wurde von störenden Einbauten befreit und ebenso wie die Küche modernisiert. Die östlichen Anbauten blieben erhalten, im Untergeschoß sind nun endlich Duschen und Umkleiden für die Sportler vorhanden. Ein schmaler, kubischer Anbau über die gesamte westliche Hallenseite schafft den Raum für einen neuen Eingang sowie ein Foyer mit Bar, Garderobe, Toiletten und durchdachter Erschließung. Dem großen Saal geben vorgeblendete Buchenholzfelder an den Seitenwänden Halt und Richtung; eingehängte Deckenelemente streuen das über Gauben einfallende Tageslicht und verhüllen die Technik, ohne sie zu verdecken. Durch die breiten Fugen bleibt die Raumhöhe trotzdem erlebbar. Die hinzugekommenen Nutzungen Bibliothek und Mehrzweckräume sind – unabhängig von der Halle nutzbar – in einem ebenfalls schlanken, aber freistehenden Riegel mit Pultdach untergebracht. Die Erdgeschoßebene der drei Bauteile liegt auf einem Niveau, ein gemeinsamer Sockel hält das Ensemble zusammen. Anbau und Erweiterung sind deutlich vom Bestand abgesetzt, laufen spitzwinklig aufeinander zu, berühren sich aber nur beinahe. Ein dreieckiger Platz entsteht, die westlich gelegene Gasse An der Kleier bekommt eine angemessene stadträumliche Fassung.

Um der Robustheit des Winzerortes Guntersblum gerecht zu werden und einen regionalen Bezug herzustellen, wählte der Architekt – nach anfänglichem Liebäugeln mit einer keramischen Vorhangfassade – Bruchsteinmauerwerk zur Ausfachung des Stahlbetonskeletts. Die Stützmauern der Weinberge und die im alten Ortskern noch hier und da anzutreffenden, unverputzten Bruchsteinhäuser standen hierbei Pate. Versuche, die Ausfachungen als Fertigteile – Bruchstein in Beton – herzustellen, ins Skelett einzuhängen und so ihren nichttragenden Charakter zu unterstreichen, schlugen aufgrund technischer Schwierigkeiten bei der ausführenden Firma fehl. Turkali tat's nicht leid, nach seinem Verständnis muß sich eine Idee immer in der Auseinandersetzung mit ihrer Realisierung

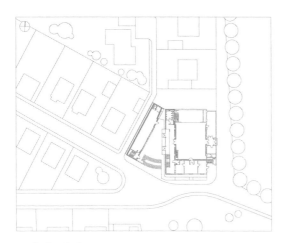

Städtebauliche Situation

bewähren. So wurden die Felder konventionell ausgemauert; der klassische Mauerverband an den Gebäudeecken zeigt dies deutlich.

Die Eingangsfassaden der beiden Riegel sind feinsinnig, aber undogmatisch komponiert; ihre Einzelteile entwickeln sich aus der Nutzung. Der ausschließlich einer Funktion dienende Anbau ist überwiegend geschlossen, die Lage des Eingangsfoyers markiert sich durch die breiteren Skelettfelder mit gebäudehoher Verglasung und das auskragende Vordach. Die gegenüberliegende Fassade der Erweiterung gibt sich hingegen, ihrer Nutzung entsprechend, differenzierter: Die durch eine mobile Wand aufteilbaren, bei Bedarf separat erschlossenen Mehrzweckräume im Erdgeschoß öffnen sich über breite, raumhohe Glasschiebetüren zum Platz, die nordöstliche Betonecke dramatisiert den Effekt der Beinahe-Berührung durch ihr Zurückweichen und den Materialwechsel zusätzlich. Die Leseplätze der im Obergeschoß liegenden Stadtbücherei werden über einzelne, durch tiefe Laibungen verschattete Fenster belichtet. Dennoch ist dies keine klassische Lochfassade. Alternierend angeordnete Felder mit vertikaler Holzschalung bilden im Verein mit den Fenstern ein betongerahmtes Feld, dessen Oberkante der Höhe des gegenüberliegenden Anbaus entspricht. Über allem ruht ein durchgehendes Fensterband mit stumpf gestoßenen Scheiben, das – funktional – die Bücherei belichtet und – konzeptionell – einen technizistischen Gegenpol zum eher traditionellen Bruchstein bildet. Auf der platzabgewandten Seite der Erweiterung kommt die »entideologisierte Komposition der Einzelteile« (Kaye Geipel) zu ihrem Höhepunkt. Ein durchgehendes, rahmenloses Fensterband, das die Räume im Untergeschoß erhellt, bildet den Sockel für die schwere, geschlossene Bruchsteinwand. Der Eindruck von Schwere und Massivität wird aufgehoben, die Wand lagert scheinbar auf dem Glasband. Ein Spiel, das Johannes Krahn 1956/57 mit seiner ebenfalls in Bruchstein realisierten Frankfurter Kirche St. Wendel vormachte und das auch Alvaro Siza beim Entwurf seines »Galicischen Zentrums für zeitgenössische Kunst« im spanischen Santiago de Compostela faszinierte.

Das locker-entspannte, in seinen Prinzipien dennoch der Moderne verpflichtete Ensemble in Guntersblum ist rundum gelungen; es wirkt so, als sei es schon immer dagewesen. Zvonko Turkali nutzte die bestehende Situation – das polygonale Grundstück, das gegenüber der Straße erhöhte Niveau des Saales –, um nicht nur ein spannendes und überzeugendes Gehäuse zu schaffen, sondern auch einen öffentlichen Raum von hoher Qualität. Der neuentstandene Platz, der sich einladend nach Süden öffnet, hat gute Chancen, in Guntersblum nicht nur bei Veranstaltungen zu einem Treffpunkt zu werden.

CHRISTOF BODENBACH

Bürgerhaus Guntersblum **Bauherr** Verbandsgemeinde Guntersblum **Architekt** Zvonko Turkali, Frankfurt am Main, mit Harald Bechler **Projektarchitekt** Georg Seegräber
Mitarbeiter Jakob von Allwörden **Tragwerksplaner** Bollinger + Grohmann, Frankfurt am Main

Blick auf Vorplatz und Neubau *Flur und Foyer*

Das Heizkraftwerk, von der Spree aus betrachtet *Auf dem Gelände*

[Heizkraftwerk Mitte]
in Berlin

ARCHITEKTEN Jourdan + Müller · PAS

ESSAY Peter Rumpf

FOTOGRAFIEN Waltraud Krase

Große Form und Leitdetails

»Wo simmer denn dran? Aha, heut krieje mer de Dampfmaschin. Also, wat is ne Dampf-maschin? Da stelle mer uns janz dumm.« So einfach wie Professor Bömmel in Alexander Spoerls Schüler-Roman *Die Feuerzangenbowle* können es sich Architekten nicht machen, wenn sie vor der nicht alltäglichen Aufgabe stehen, ein Heizkraftwerk zu bauen. Sie müssen sehr genau wissen, was im Inneren ihrer »Dampfmaschin« vor sich geht, um ihr dann eine angemessene Hülle entwerfen zu können. Die Gestaltung des hochkomplizierten und anderen Gesetzen als der Ästhetik gehorchenden Innenlebens fällt zwar nicht in ihr Ressort, auch nicht die Abmessungen der Teile, noch nicht einmal ihre Anordnung. Dafür sind spezialisierte Anbieter da, wie hier beim Heizkraftwerk Mitte die ABB. Und dennoch war und ist es durchaus sinnvoll, den Architekten von Anfang an mit in das Verfahren ein-zubinden. Er ist schließlich dafür verantwortlich, wie sich solch ein technisches Bauwerk – wie in diesem Fall – innerhalb einer innerstädtischen Situation und *en détail* in seiner »Sprache« darstellt.

Das Ensemble zwischen Spree und Köpenicker Straße, Brücken- und Michaelkirch-straße war gut dreißig Jahre in Betrieb. Aber auch Heizkraftwerke sind nicht für die Ewig-keit gebaut. Nach dreißig bis vierzig Jahren werden sie in der Regel »ausgetauscht«. Das ist 1997 mit dem Heizkraftwerk Mitte geschehen. Bei der Planung des Neubaus durch die Frankfurter Architekten Jochem Jourdan und Bernhard Müller spielte der ideale Funktions-ablauf – beziehungsweise die Stapelmöglichkeiten der Elemente – neben den DM 600 Mio. Kosten eine große Rolle, aber auch das spätere Recycling – schließlich wird auch diese Anlage in drei bis vier Jahrzehnten einer nächsten Generation weichen müssen.

Der funktionale Ablauf muß von der Spree her gelesen werden, denn von dort kommt der Brennstoff: als Erdgas durch eine im Flußbett liegende Leitung oder als extra-leichtes Heizöl per Tankschiff. Charakteristisch für die Uferfront sind die beiden Filter-Fassaden, die die Luft ansaugen, die für die Verbrennung erforderlich ist. Im Inneren folgen dann zwei Gasturbinen, die über Generatoren Strom und über Abhitzekessel und Heizkondensatoren mit riesigen Schalldämpfern Wärme erzeugen. Das geschieht in dem Gebäudeteil, der in drei Stufen bis auf vierzig Meter ansteigt. Daß der heiße Dampf auch noch eine eigene Turbine betreibt und als kombinierte Anlage zusätzlich Strom erzeugt, mag den Wärmeingenieur interessieren. Der Laie, besonders wenn er in der Nachbarschaft wohnt, interessiert sich eher für die akustische und städtebauliche Umweltverträglichkeit – und der an Architektur Interessierte für die Signifikanz der großen Form, die Qualität der Fassaden und die Sorgfalt der Details.

Zum Städtebau: In gewissem Rahmen können sich selbst überhaushohe Gerätschaf-ten einem städtebaulichen Konzept unterordnen. So war es den Architekten zum Beispiel wichtig, daß in der Verlängerung der Rungestraße nicht gerade die vierzig Meter hohe Wand mit den insgesamt 100 Meter hohen Kaminen steht, sondern nur die 22 Meter (Berliner Traufhöhe!) des niedrigen Baukörpers. Oder die Wasserfront: Hierhin treppt sich

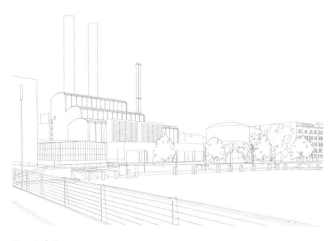

Perspektive

das gesamte Ensemble ab und endet in dem kubischen Körper mit den Transformatoren und in dem Tank, der zusätzlich berankt wird.

Zur Architektur: Auch wenn sie nur als »Hülle« für das Eigentliche dient, ist sie das, was man zu sehen bekommt. Und sie kann sich sehen lassen. Was zunächst auffällt, sind – neben den auf Fernwirkung zielenden und inzwischen allerorts gern gewählten Flachtonnendächern – die handwerklich sauber vermauerten Wandschalen aus Torfbrandklinkern. Wo es die Funktion erfordert, sind sie durch Wellblechelemente oder Lüftungsgitter aus Stahllamellen ersetzt. Die untere Zone gehört den sauber eingefaßten Stahltoren und Montageöffnungen. Der Sockel ist in den Bereichen, wo er mit Fahrzeugen in Berührung kommen könnte, durch türhohe Sichtbetontafeln geschützt. Als sparsam eingesetzte »Zier-Elemente« dienen Stahlwendeltreppen, Sicherheitsgeländer und Notausstiege. Alle Leitdetails, wie Jochem Jourdan sie nennt, bedienen sich einer einheitlichen Sprache: sachlich, technisch und präzise. Auch versteckte Gebäudeteile, die nur dem wenigen technischen Personal zugänglich sind, wurden mit der gleichen Sorgfalt behandelt wie die »Schauseiten«.

Wert wurde auch auf die Freiflächen gelegt. Und ein »Kunstprojekt« konnte realisiert werden, ebenfalls nicht selbstverständlich bei einer Bauaufgabe wie dieser. Per Kirkeby entwarf eine »Mauer« entlang der Spree: Rhythmisierte Mäander aus den gleichen Klinkern, die auch die Gebäude verkleiden, sichern das Grundstück gegen einen öffentlichen Uferweg zwischen Michael- und Jannowitzbrücke ab. Die an sich kluge Idee, das Spreeufer an dieser Stelle zu öffnen, wobei die Seite mit den Bahnbögen und den drei Hochhauskurven des Trias-Gebäudes ein reizvolles Gegenüber bietet, scheitert aber bisher an der Senatsumweltverwaltung, die mit ihrem westlich angrenzenden Grundstück den Durchgang blockiert. So bleibt auch die Kunst der Öffentlichkeit zunächst verborgen.

Stolz berichtet der Direktor, daß sein Heizkraftwerk Mitte dank hoher Effizienz das zur Zeit modernste der Welt ist und darüber hinaus zum EXPO-2000-Projekt ernannt wurde – bis das nächste fertig wird, das dann entsprechend der technischen Entwicklung die Palme der optimalen Umweltverträglichkeit trägt. Bis dahin werden die zahlreichen Besuchergruppen über Turbinen, Kessel, Wärmetauscher, Ringbrennkammern, Leittechnik und die Kunst am Bau staunen – und vielleicht auch über die ambitionierte Architektur.

PETER RUMPF

Heizkraftwerk Mitte Köpenicker Straße / Michaelkirchstraße / Brückenstraße / Spree, Berlin-Mitte   **Bauherr** Berliner Kraft- und Licht-Aktiengesellschaft (Bewag)   **Architekten** Jourdan + Müller · PAS, Frankfurt am Main / Jochem Jourdan, Bernhard Müller   **Mitarbeiter** Claus-Peter Koller, Frank Holzapfel, Holger Kostmann, Michael Merrill, Maria Salzano   **Landschaftsarchitekten** Klaus Neumann + Jürgen Hoffmann, Berlin   **Mitarbeiter** Thomas Gusenburger   **Lichtplanung** Lichtlabor Bartenbach, München / Innsbruck

Fassadenausschnitt   *Kunst am Bau – Die Klinkermauer von Per Kirkeby*   *Fassadenausschnitt mit Blick auf die Spree*
und die beheizbaren Bänke von Ayse Erkmen

Vorderansicht

[Wohnhaus Flammer]
in Biedenkopf

ARCHITEKTEN Seifert + Stöckmann

ESSAY Richard Black

FOTOGRAFIEN Alexander Beck, Götz Stöckmann, Gabriela Seifert

Territorium

Die Umgebung des Hauses der Familie Flammer ist wunderbar. Der Bau liegt an einem
Hügel mit Blick auf eine Kleinstadt im Tal. Die Architekten haben diese Landschaft wahrgenommen. Sie nutzen die Steigung des Geländes, um eine Reihe von Zusammenhängen
zwischen Vordergrund, »Mittelgrund« und Hintergrund der Landschaft anzudeuten. Es ist
unmöglich, sich dieses Haus ohne seinen »Landschaftsbegleiter« vorzustellen. In dieser
Zweisamkeit spielt der Garten die Rolle des »Mittelgrunds«. Er hat die Qualität eines
englischen formalen Gartens in der Tradition von William Kent. Im Schnitt wurde das
Profil des Geländes als gestaltete Oberfläche neu geformt. Diese Oberfläche wirkt optisch,
sie zieht die ferne Tallandschaft in das Blickfeld herein. Der obere Teil des Geländes, der
der Straße am nächsten liegt, wurde abgegraben, so daß ein Plateau für das Haus entstand.
Dieses Plateau fungiert auch als Parameter, das dem Auge hilft, die Veränderungen der
Landschaft zu vermessen.

    Die Erde, die bei der Grabung entfernt wurde, ist strategisch neu verteilt worden
und bringt zwei Grundformen hervor: einen Pyramidenhügel und einen Kegelhügel. Beide
spielen mit der Augenhöhe des Betrachers im Verhältnis zu Gebäude und Gelände. Die
Pyramide besitzt eine sanfte Grasoberfläche, während ihr Cousin, der Kegel, ein »haariges«
Profil hat, welches an die Silhouette der gegenüberliegenden bewaldeten Berge erinnert.

    Auf den ersten Blick ist das Haus täuschend einfach. Zwei Türme ragen von einem
Pavillon hinauf, um gleichsam eine Signatur in den Himmel zu schnitzen. Das Gebäude
jedoch zu besuchen, sich durch seine Räume zu bewegen, im Garten zu spazieren und die
unterschiedlichen Höhen zu erfahren heißt, die feinen und vorsichtig geplanten Beziehungen, welche die Architekten zwischen Architektur und Landschaft konstruiert haben, zu
erleben. Dieses Haus kann nicht von einem einzigen Standpunkt aus verstanden werden.

    Das Haus erreicht man von einer Straße aus, die sich vom Tal hochschlängelt. Für
einen Moment kann man den Schimmer der Gartenansicht sehen. Die Straße führt weiter
hinauf, macht eine Kurve und wird dann dort, wo sie am höchsten Teil des Grundstücks
entlangführt, flach. Wenn man hier ankommt, ist der größte Teil des Gebäudes nicht mehr
zu sehen. Zwei Türme grüßen den Besucher. Es sind wundersam lyrische Objekte. Zusammen mit dem Dach des Hauses rahmen sie den Blick auf das Tal ein erstes Mal ein.

    Um das Haus zu betreten, muß man von der Höhe der Straße hinab in einen Raum,
der von dem »Korb«-Turm gekrönt ist. Durch das geflochtene Muster des Korbes sieht
man den Himmel, der durch dieses Geflecht seine Anwesenheit im Haus behauptet. Der
Turm verwandelt den horizontalen Teil der Landschaft in einen vertikalen Raum, der Himmel und Erde verbindet. Die Bewegung durch das Haus erreicht einen Höhepunkt im
Wohnraum, der derart geformt ist, daß er den Blick auf den Garten und die Landschaft –
nun zum zweiten Mal – einrahmt. Von diesem Ort aus wird die Geographie der Ober-
flächen, die alle Grundformen des Ensembles verbindet, sichtbar. Die weitere Erforschung
von Haus und Garten liefert noch mehr Erkenntnisse über die Manipulation des Geländes:

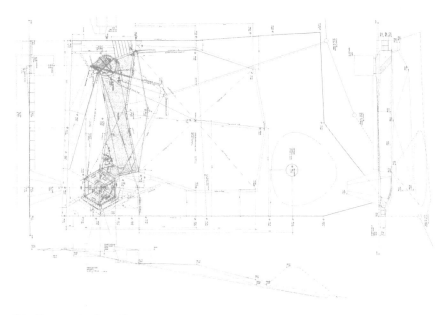

Die Geometrie eines Gartens –
Der Lage- und Freiflächenplan in Grundriß und Schnitten

Kleine Fenster in der Fassade des aufsteigenden Turms eröffnen immer neue Ausblicke auf die Komposition. Hier setzt sich das Gesamtbild am ehesten zusammen.

Vom unteren Garten aus betrachtet, werden Haus und Gelände Teil einer räumlichen Gestalt, die durch die Bewegungen des menschlichen Körpers dramatisiert und durch das Abfallen des Geländes verstärkt wird. Innerhalb dieser Konfiguration verändert sich die räumliche Beziehung zwischen Betrachter und Objekt laufend – mit den Bewegungen verdichten sich die Formen, sie werden verzerrt, und manchmal verdecken sie einander, so daß sie nicht mehr zu sehen sind.

Das Zusammenspiel von Gebäude und Landschaft ergibt eine sinnliche Freude, die nicht nur optisch zu erfahren ist. Das Nebeneinander von industriellen Eisenwaren und bewachsener Oberfläche feiert den Tastsinn. Die maschinell hergestellte Aluminiumabdeckung des Pavillons läßt an das unbeschönigte, sachliche Bekleiden von Volumen denken, das die Architekten in früheren Projekten benutzt haben: schamlos hart, diszipliniert und streng. Das Aluminium bietet mit seiner Patina und seiner Schärfe genau das richtige Gegengewicht zu den weichen Formen und den delikaten Farben der bewachsenen landschaftlichen Geometrien.

Auch der Grundriß des Hauses ist bemerkenswert. Die Architekten haben ihn sorgfältig gestaltet und durch intensives Bearbeiten sozusagen in die Existenz geschliffen. Der flache Bau ist janusgesichtig – er wendet sich zum intimen Innenhof und gleichzeitig zum größeren Garten auf der anderen Seite des Hauses. Jeder dieser Außenräume stößt an die Hülle des Hauses, kneift und verformt sein Profil. Um die Dinge noch schwieriger zu machen, landen die Türme auf den Enden des Baus und verformen dadurch seine Geometrie noch weiter. Die resultierenden Zusammenstöße und Kreuzungen sind auf elegante Weise geometrisch gelöst worden. Die Grundrißformation vereint Außenlandschaft, Bungalow und Türme auf eine Art und Weise, die an den – zweifellos phantastischen – Entwurf von Louis Kahn für das Domenican Motherhouse erinnert. Hier wie dort hat man es mit einem Garten-Gebäude zu tun, das man von seinem Anspruch her als »territorial« bezeichnen kann, weil es in einem Feld von räumlichen Beziehungen mit Straße, Tal, Ort, Erde und Himmel verankert ist.

Unten am Garten, inmitten dieser Komposition, hat man das Gefühl, die Architekten hätten im Laufe ihrer Beschäftigung mit diesem Raum, hier, auf diesem Hügel, ein Zuhause gefunden.

RICHARD BLACK

Wohnhaus Flammer Am Schulborn, Biedenkopf   **Bauherr** Familie Flammer, Biedenkopf   **Architekten** Seifert + Stöckmann, Frankfurt am Main / Gabriela Seifert, Götz Stöckmann
Tragwerksplaner Bollinger + Grohmann, Frankfurt am Main

Die Gartenansicht

(**Projekt**)

»living-room«
in Gelnhausen

ARCHITEKTEN Seifert + Stöckmann

ILLUSTRATION Ludger Gerdes

Gelnhausen, im 12. Jahrhundert gegründet, genoß früh Stadtrechte und ist heute eine Kreisstadt mit etwa 12.000 Einwohnern. Vom Gründer Kaiser Friedrich Barbarossa ist die Stauferpfalz erhalten, berühmt ist der Lettner der Marienkirche aus der gleichen Zeit. Grimmelshausen wurde hier geboren und erwähnt Gelnhausen im ersten deutschsprachigen Roman, dem *Abentheuerlichen Simplicissimus Teutsch.*

Das 300 Jahre alte Fachwerkhaus Kuhgasse 15 im mittelalterlichen Stadtkern ist baufällig und wird abgerissen. Auf dem winzigen Grundstück entsteht im Rahmen des Projektes ein *living-room,* ein neues Haus, das entsprechend den denkmalpflegerischen Auflagen die Kubatur des alten Wohnhauses erhält.

Alles andere wird anders: keine sichtbaren Details, keine offensichtliche Materialität: Dach und Wand – außen wie innen – haben die gleiche glatte Oberfläche, zahlreiche Fenster ohne Griff und Rahmen sind über die Außenhaut verstreut. Das Innen ist ein Raum – vom Boden zum Giebel, von Außenwand zu Außenwand. Auf dem Boden wachsen Gräser, ein paar Olivenbäume, über die Wände Efeu. Weiter oben spannt sich eine Box zwischen die Giebel: innen Schlafraum, obenauf Deck.

Am Projekt *living-room* arbeiten fünf bildende Künstler und ein Schriftsteller mit. Es soll eine offene »Station« mit verschiedenen künstlerischen Positionen werden. Vielleicht schafft dieses Miteinander ein gesamtes Werk mit einem eigenen Kontext, der nach »außen« gerichtet sein soll – allerdings nicht in repräsentativer Weise. Er steht für sich selbst und wartet auf Rückmeldung.

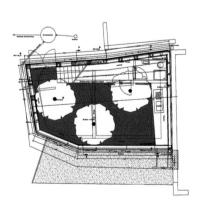

Grundriß

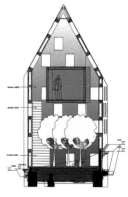

Querschnitt

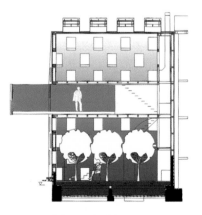

Längsschnitt

Projekt living-room Kuhgasse 15, Gelnhausen   **Bauherren** Gabriela Seifert und Götz Stöckmann, Frankfurt am Main   **Architekten** Seifert + Stöckmann, Frankfurt am Main / Gabriela Seifert, Götz Stöckmann   **Beteiligte Künstler** Ludger Gerdes, Ottmar Hörl, Thomas Kling, Wolfgang Luy, Charly Steiger, Achim Wollscheid

Das Haus, großflächig bemalt von Ludger Gerdes

Blau und Grün

Schau ich aus dem Fenster raus
füllt mich Lust
fühl ich Freud
Seh den blauen Taunuskamm
schön wie eine Brust.

Schau ich aus dem Fenster raus
fühl ich Freud
spür ich Furcht
Seh ich den Kastanienbaum
Nimmt mir noch das Blau.

Schau ich aus dem Fenster raus
spür ich Furcht
krieg ich Angst
Sehe ich den Riesenkran
Schneidet durch den Kamm.

Schau ich aus dem Fenster raus
krieg ich Angst
packt mich Wut
Seh ich wie das Eckhaus wächst
häßlich wie ein Kropf.

Schau ich aus dem Fenster raus
packt mich Wut
fühl ich Trost
Seh zwar keinen Taunus mehr
Doch seh noch den Baum.

Schau ich aus dem Fenster raus
fühl ich Trost
spür ich Furcht
Frag mich vorm Kastanienbaum:
Wem gehört sein Grün?

ROBERT GERNHARDT

Fotografie KLAUS HAGMEIER, Frankfurt am Main

in der Perspektive

Ist Frankfurt überall?

Um es gleich zu sagen: Ich liebe Frankfurt nicht. Allerdings war mir Lokalpatriotismus immer schon fremd. Ich habe in Warschau, in London und in Hamburg gelebt, aber viel Anhänglichkeit wollte nirgends entstehen, keine dieser Städte vermochte ich zu lieben. Und wenn sich bei mir doch eine Art Anhänglichkeit bemerkbar machte, eine Zuneigung zu einem Ort, die sich vielleicht doch der Liebe näherte – dann trifft das auf eine einzige Stadt zu: auf Berlin. Warum? Weil ich damals sehr jung war? Nein, nicht nur deshalb. Es gab in diesen düsteren Jahren (die Dreißiger waren es) in Berlin mindestens drei sehr gute Theater, zwei hervorragende Opernhäuser und ein wunderbares Orchester. Sie bildeten jenen elfenbeinernen Turm, in dem ich in der Zeit des schrecklichsten Terrors – ähnlich wie viele andere Menschen – Schutz suchte, in dem sich eine Zuflucht finden ließ, ein Asyl. Oper und Theater boten mir, boten uns, was wir, die wir inmitten einer feindlichen Welt lebten, dringend benötigten: eine Gegenwelt.

Dies eben erwarten und erhoffen wir, ob wir in einer Diktatur leben oder in einem freien Land, von der Kunst, der Bühnenkunst zumal: In die Oper, in das Theater treibt uns zunächst und vor allem das Bedürfnis nach Unterhaltung, aber hinter diesem Bedürfnis verbirgt sich auch heute die oft unbewußte oder uneingestandene Sehnsucht nach einer Gegenwelt.

Als ich 1958 nach Deutschland zurückkehrte und mich erst einmal in Frankfurt niederließ, wurde ich von nicht wenigen Kollegen bemitleidet. Heinrich Böll sagte mir: »Frankfurt ist überhaupt keine Stadt mehr, es ist ein Hotel.« Das war ungerecht, doch ganz falsch war es wohl nicht. Ja, Frankfurt hatte damals keinen guten Ruf. Inzwischen hat sich viel geändert. Die Stadt ist wohnlicher geworden, man kann hier gut arbeiten, das ist sicher. Aber anders als München oder Hamburg läßt sich Frankfurt schwerlich lieben.

Ich fürchte, diese Stadt ist ein Riesenhotel geblieben, nüchtern und nützlich, ein verhältnismäßig gut funktionierendes Hotel, doch leider ohne Atmosphäre. Oder: mit einer nicht unbedingt sympathischen, nicht unbedingt liebenswerten Atmosphäre. Ob das vielleicht damit zusammenhängt, daß jene Bürger Frankfurts – und man unterschätze ihre Zahl nicht –, die der künstlerischen Gegenwelten bedürfen, die also auf Oper und Theater angewiesen sind, hier seit einiger Zeit im Stich gelassen werden, jedenfalls nicht auf ihre Rechnung kommen? Adorno urteilte streng, Frankfurt sei eine »amusische Stadt«. Das scheint mir als Befund nicht richtig, doch als Warnung und Herausforderung – und so war es gemeint – berechtigt und heute aktueller denn je.

MARCEL REICH-RANICKI

Das Frankfurter Museumsufer

Am Anfang stand eine Idee: Das in Frankfurt allgemein beliebte aber trotz seiner zentralen Lage nicht in seinem Potential voll ausgeschöpfte, von seiner städtebaulichen Struktur und seinem Charakter her einzigartige parkartige Mainufer mit seinen Villen systematisch um eine Reihe von Museen zu erweitern und diese mit den alten Häusern und ihren Gärten zu verbinden, das konnte in der Tat »ein Jahrhundertprojekt« - so die *FAZ* - werden.

Kerngedanke bei der Konzeption und Planung des Frankfurter »Museumsufers« war seit Mitte der siebziger Jahre der gegenseitige Bezug aller Museen aufeinander. In der neu entstehenden Museumslandschaft sollten alle Tätigkeiten abgestimmt und kompromißlos dem Konzept einer reformfreudigen Kulturpolitik zugeordnet werden: Museen als allen Bürgern zugängliche kulturelle Institutionen, dem demokratischen Erbe ebenso verpflichtet wie der Humanisierung der Lebensverhältnisse.

Ein prägender Faktor war in der Realisierungsphase der achtziger Jahre die kommunalpolitische Situation. Großdimensionierte Projekte waren nicht mehr gefragt. Statt dessen begann eine »Stadtkronenpolitik«, die bereit war, für die Aufwertung der städtischen Kernbereiche durch attraktive Architektur und interessante Einrichtungen viel Geld zu investieren. Die Kulturpolitik verstand es damals, mit der gerade entstehenden postmodernen Architektur, nach Frankfurt implantiert durch herausragende Architekten wie Richard Meier und Hans Hollein, dem Ganzen internationales Flair zu verleihen. Es ging nicht mehr nur um Nachholbedarf und Defizitausgleich, sondern es entstand etwas völlig Neues. Die Museumsbauten gestalteten sich wie Edelsteine in einem Diadem, ruhend in ihrer eigenen Schönheit.

Zu dieser Zeit gab Frankfurt satte 11 Prozent des kommunalen Haushaltes für Kultur aus. Natürlich hing die neue Wertung der Kultur mit ihrer Instrumentalisierung als Faktor der Standortqualität und der Umwegrentabilität zusammen. Aber was soll denn eine Gesellschaft mit ihrem Reichtum sonst anfangen, wenn nicht die Lebensqualität für ihre Bürger damit verbessern?

Heute ist die Situation eine andere, auch in Frankfurt. Es muß gespart werden und die Museen sind gezwungen, mit dem Notwendigsten auszukommen: kein Ankaufsetat, kein Budget für Ausstellungen. Jetzt wird der »Fundus« recycelt, und für das Déjà-vu-Erlebnis müssen die Besucher auch noch Eintritt zahlen.

Ich bin gleichwohl immer noch der Meinung, daß die Kultur auch und gerade in Zeiten der Rezession ein unverzichtbarer Bestandteil des gemeinschaftlichen Lebens ist. Wie anders als im Kulturellen soll eine Gesellschaft sich darüber Rechenschaft ablegen, wo ihre wesentlichen Werte liegen? Die kulturellen Kräfte geben uns die Chance, über den Sinn unseres Lebens und die Prioritäten unseres Handelns nachzudenken.

Manche unterstellen den Kulturpolitikern der achtziger Jahre, sie hätten ohne Rücksicht auf die Folgekosten zu tief aus dem Vollen geschöpft, obwohl sie darin nicht anders gehandelt haben als die Straßenbauer, Schuldezernenten, Sozialpolitiker oder Wirtschaftsförderer. Mit dem Vorwurf, hohe Standards gesetzt zu haben, kann ich gut leben. Hätten wir die damalige Chance nicht konsequent genutzt, geriete uns das als Versäumnis heute erst recht zum Vorwurf. In der Zwischenzeit sind die gravierendsten Probleme ja nicht deswegen entstanden, weil zuviel investiert wurde, sondern weil der Grundkonsens über Kultur als Ferment der Stadtentwicklung verloren ging. Auch früher hat Kultur Geld gekostet, nur haben die Politiker damals die Kultur als Investition in die Zukunft betrachtet.

Die interessanteste Ressource moderner Gesellschaften sind die kreativen Menschen mit einem entsprechendem kulturellen Horizont. Diesen weiter zu öffnen ist das Ziel der Kultur- politik im allgemeinen und speziell der Museumsarbeit. Das wird aber in Zukunft nur dann so bleiben, wenn das Bewußtsein der Bürger und vor allem das der Politiker fortentwickelt wird.

HILMAR HOFFMANN

Hoch und tief

Schon immer wollte ich mal die Commerzbank fragen, ob sie nicht ganz oben im Turm eine Schriftstellerklause oder eine Art Cockpit zum Schreiben einrichten könnte, als Kontrast zu dem Häuschen mit efeuumranktem Hof in Bergen-Enkheim, wo die Stadtschreiber in beschaulicher Ruhe und ohne jede Störung durch Moderne und Postmoderne dichten dürfen. Als ich nämlich mit einem jungen Schriftstellerfreund einmal ganz oben war, dort, wo einem die Sinne leicht schwinden, und wo man, hat man sich an den Tiefblick gewöhnt, glaubt, die Wolke berühren zu können, von der Bert Brecht sagte, »sie ist sehr weiß und ungeheuer oben«, dort, von wo die Hochfinanz auf die Herabgesunkenen des Bahnhofsviertels niederblickt, durch dessen Straßen anno dazumal die Feministinnen zogen und angesichts des gerade entstandenen Dresdner-Bank-Turms skandierten »Da ist schon wieder so ein Pimmel, der verdunkelt unsern Himmel!«, da dachten wir, alle Bedenken verwehrend, kann denn Höhe Sünde sein? und fanden, daß aus so einer Sicht der liebe Gott das Nichts betrachtet haben muß, bevor er den Irrsinn beging, die Welt und uns zu erschaffen - was will man mehr, wenn man Menschengeschichten erfindet? Aber schon kommt Widerspruch vonseiten der Toskana-Fraktion, aus den antiken Gemäuern und italienischen Idyllen, von dort, wo die Unwirtlichkeit der Städte vergessen ist, weil alles niedrig und alt ist und von Menschenwärme durchzogen, nicht bedroht von babylonischer Strafe und von Glassplitterkaskaden im Fall eines Falls. Und ich lese im *Journal Frankfurt* die Aufforderung, »schafft zwei, drei, viele Niederrads!« gegen den neuen Turmbebauungsplan für Frankfurt, der hier zur Kriegserklärung ans Volk stilisiert wird. Diese Neigung zu small-is-beautiful - müssen wir sie ernst nehmen als Ausdruck von etwas, was Günther Anders die Antiquiertheit des Menschen nennt - oder ist sie Ideologie, Anti-Amerikanismus, ein Fundamentalismus der Gemütlichkeit?

Fotografie KLAUS HAGMEIER, Frankfurt am Main

Daß es uns die Architekten nicht immer leicht machen, ist die Kehrseite vielleicht derselben Medaille. Manchmal hat man den Eindruck, als wäre der Mensch für sie nur ein Störfaktor
ihrer formalen Idee. Das mag daran liegen, daß sie, um im Konkurrenzkampf bestehen zu können,
ihre Duftmarken setzen, koste es, was es wolle, und egal ob dies den Benutzern nützt oder nicht.
Wie etwa in einem prominenten Frankfurter Vortragsraum, wo ich meist statt der gezeigten
Lichtbilder eine Säule vor Augen oder eine überhöhte Balustrade unterm Kinn hatte, so daß ich
mir vorkam wie die geschrumpfte Alice im Wunderland.
   Dabei sind die Frankfurter doch sonst keine Leute, die sich ängstlich hinter Tellerränder
ducken. Schließlich hat der kritische Geist der Frankfurter Intellektuellen schon Tradition,
von allen Künsten wird hier verlangt, daß sie auf der Höhe der Zeit sind. Musik, Literatur,
bildende Kunst, Film, Ballett - nur von der Architektur wird nach wie vor Idylle erwartet. Die
Intellektuellen bewohnen Altbauwohnungen und sind ganz versessen auf Bauernhäuser, als wäre
damit Eichendorffs »es war als hätt der Himmel die Erde still geküßt« noch zu retten. Hochhäuser darf es höchstens in New York oder Chicago geben, wo man sie mit Emigrantenromantik in
Verbindung bringen kann. In Frankfurt oder Berlin sind sie Teufelszeug.
   Dabei wären sie doch mal eine Fantasie wert, denn schließlich haben wir in Deutschland
eine Tradition der Moderne, die einmal im Bauhaus ihren spektakulären Anfang nahm, durch den
Nationalsozialismus unterbrochen wurde und auch nach dem Krieg nicht wieder wirklich belebt
worden ist. Was sich aus dem ästhetischen Potential der Weimarer Avantgarde hätte entwickeln
können, ist noch lange nicht ausgereizt. Die neue Berliner Republik könnte keine bessere
Tradition als Basis für neue Visionen haben. Zum Beispiel könnten wir, die ganz normalen
Stadtbewohner, uns doch einmal vorstellen, daß die Wolkenkratzer nicht nur für Büros, sondern
auch zum Wohnen gebaut sind, wo sich die Räume dem Licht öffnen, wo ein gut organisierter
Alltag möglich ist, mit Kindergarten, Sporträumen, Wäscherei und Doorman, mit einem guten
Kommunikations- und Transportsystem, mit Blick in die Ferne, etwas, womit die Moderne ihre
Vorzüge für ein anspruchsvolles Bürgertum unter Beweis stellen und womit sich der Architekt
einen Kuß verdienen könnte.

ULRIKE KOLB

T +49 69 405 780, F+49 69 405 78 599, E-MAIL trust@trust.de

TRUST
in Communication.

Danke SCHNEIDER + SCHUMACHER und GUNTER NEUHAUS

Bürositzmöbelfabrik **Friedrich-W. Dauphin** *GmbH & Co., Espanstr. 29,* **D-91278 Offenhausen**/*Germany,* **Telefon** *(0 91 58) 17-0,* **Fax** *(0 91 58) 10 07,*
Internet *www.dauphin.de,* **E-mail** *info@dauphin.de*

DAUPHIN

» DAS BÜROHAUS IST EIN HAUS DER ARBEIT, DER ORGANISATION, DER KLARHEIT, DER ÖKONOMIE. «

Dieser Satz des Architekten Mies van der Rohe stammt zwar aus dem Jahr 1922, doch er hat nichts von seiner heutigen Gültigkeit verloren. In den beiden in diesem Buch kommentierten Neubauten von KPMG wurden diese Grundsätze eindrucksvoll umgesetzt. Mit maximaler Transparenz und wegweisender Funktionalität entsprechen das National Office in Berlin und unsere Leipziger Niederlassung den Forderungen van der Rohes ebenso wie modernsten bauökonomischen und -ökologischen Erkenntnissen.

Den Architekten Prof. Christoph Mäckler sowie Till Schneider und Michael Schumacher ist es mit diesen gleichermaßen innovativen wie ästhetischen Gebäuden eindrucksvoll gelungen, unser deutliches Bekenntnis zum Osten Deutschlands zu symbolisieren.

Berlin und Leipzig stellen für KPMG das Herz der neuen Bundesländer dar. Von hier aus werden die Aktivitäten von mehr als 700 Mitarbeitern in dieser Region koordiniert. Sie bieten sämtliche Dienstleistungen von KPMG Deutschland an: Assurance, Consulting, Financial Advisory Services und Tax & Legal.

An 30 Standorten betreut KPMG bundesweit Mandanten aller Branchen, Größen und Rechtsformen. Dank unserer engen Zusammenarbeit mit Partnern in mehr als 150 Ländern bieten wir vor Ort auch internationales Know-how an. Der Anspruch von KPMG ist Qualität. Unser Ziel ist es, unsere Mandanten dabei zu unterstützen, ihren Erfolg am Markt auszubauen. Mit eindeutigen Strategien, schnell umsetzbar und auf den Punkt genau, geben wir zuverlässige Orientierung.

Professionelle Beratungs- und Prüfungskompetenz ist für eine Region im Wandel unverzichtbar. Mit langjähriger Erfahrung und umfassenden Kenntnissen ist KPMG dabei ein Partner, der Maßstäbe setzt.

Professor Dr. Harald Wiedmann, Sprecher des Vorstands der KPMG Deutsche Treuhand-Gesellschaft

Christina Schroeter-Herrel,
Frankfurt am Main

Kunst und Architektur im Dialog

Der professionelle Aufbau von Kunstsammlungen

Kunst und Architektur: ein heikles Zwiegespann, das sensible Auseinandersetzung fordert. Ein aktuelles Beispiel hierfür ist die gegenwärtige Diskussion um die neue Ausstattung des Plenarbereichs Reichstag in Berlin mit Werken von Künstlern aus den neuen und alten Bundesländern. Dort, wo Architekt und bildender Künstler sich als gleichwertige Partner verstehen – sich in konstruktiver Auseinandersetzung begegnen, wird der Dialog zur spannenden Bereicherung.

Noch immer wird hier und da Kunst als dekorativer Wandschmuck zur Aufwertung ungeliebter Räume genutzt. Was für ein Mißverständnis des einen wie des anderen. Walter Gropius sprach einmal davon, daß die Disharmonie des Gesamtbildes nicht durch ein schönes Teil gemildert werden kann, sondern, daß „wir statt dessen neue Wertbegriffe finden müssen, die sich auf solchen Faktoren aufbauen, wie sie den Gedanken- und Gefühlsinhalt unserer Zeit ausmachen". Dies gilt gleichermaßen für Kunst und Architektur und deren mögliches inspirierendes Miteinander. Es gilt vor allem dann, wenn es um die Auswahl ästhetischer wie inhaltlicher Werte geht, die längerfristig Bestand haben sollen.

Eine der Chancen in der Konfrontation von Kunst und Architektur liegt in der Begegnung verschiedener, eigenständiger Positionen: an einer Stelle vielleicht eher leise und nachdenklich, an anderer Stelle mehr aufbrausend, vorwärtsstürmend. Bei diesem Diskurs, mal übereinkommend – mal vielleicht auch auseinanderdriftend, entstehen Reibungen, Anstöße, Eindrücke, die nachwirken. Was Wichtigeres gäbe es für die Kunst zu erreichen! Kunst, die innerhalb der Architektur die Möglichkeit zum Entfalten ihrer eigenen Aura erhält, wird zweifellos bleibenden Eindruck hinterlassen. Kunst nicht als Addition zur Architektur sondern in Kommunikation mit ihr ist freilich eher seltener Idealfall. Um so mehr gilt es hierfür zu arbeiten. Und auch im viel häufigeren Fall der nachträglichen Plazierung von Kunstwerken in Räumen erscheint die Berücksichtigung, ja mehr noch die Respektierung der Eigenarten architektonischen wie bildnerischen Schaffens unverzichtbar.

Nicht das Einzelne, sondern das Ganze im Blick, dies zeichnet auch das Private Banking der Deutschen Bank AG aus. Kunstberatung ist hier Teil der ganzheitlichen individuellen Betreuung des Vermögens von Privatkunden und Unternehmen. Die professionelle Entwicklung von Konzepten für Kunstsammlungen und Planungen für das Zusammenspiel von Kunst und Architektur gehören zu dem Servicespektrum des Beratungsteams. Dieses setzt sich aus erfahrenen, wissenschaftlich geschulten Kunstexperten mit langjährigen Kontakten zu Galerien, Künstlern und Museen zusammen.

Auf die Ziele der Deutschen Bank Private Banking Kunden abgestimmt, werden Lösungen für vielfältige Fragen rund um den Kunstbesitz gefunden und Konzepte umgesetzt. Auch Bestandsaufnahmen, kunsthistorische Recherchen, Bewertungen und Beratung bei Kauf- und Verkaufwunsch werden angeboten. Bei der Realisierung von Kunstsammlungen mit dem Schwerpunkt Kunst der Gegenwart oder Kunstprojekten in Verbindung mit Architektur setzt das Team auf innovative, eigenständige künstlerische Positionen. Eine Orientierung nach rein modischen, kurzlebigen Trends innerhalb des Kunstmarktes und damit verknüpfte Fehlentscheidungen werden hierdurch weitgehend vermieden.

Ein gelungener, bereichernder Dialog zwischen Kunst, Architektur und Betrachter ist in den seltensten Fällen zufällig, sondern basiert auf bedachter Beratung sowie sorgfältiger Planung und Projektbetreuung. Diese bietet die Kunstberatung der Deutschen Bank Private Banking in Frankfurt am Main ihren Kunden.

Abb. rechts:
Imi Knoebel
Konstellation Rot B, 1987

Es ist die Sprache, die uns einerseits verwirrt, andererseits aber verbindet oder hilft, Grenzen zu überschreiten. Räumlich, zeitlich, gedanklich. Also sollten wir sie hegen und pflegen, sorgsam mit ihr umgehen.

Das DTP-Dienstleistungsnetz
typo:profis GmbH . Hanauer Landstraße 139 . D-60314 Frankfurt . Tel. +49-69/40 561-0 . Fax +49-69/40 561-153 . E-Mail typoprofis@typoworld.de

It's the language that,

on the one hand, confuses us,

but, on the other, unites us or

helps us to overcome limits,

be it concerning place, time or mind.

That's why we ought to cherish and protect it, to handle it with care.

Die Agentur für Übersetzungen aus und in alle Weltsprachen
typo:world GmbH . Hanauer Landstraße 139 . D-60314 Frankfurt . Tel. +49-69/40 561-0 . Fax +49-69/40 561-296 . E-Mail kontakt@typoworld.de

VR · LEASING

Peter Mayer-Rolshoven,
stellvertr. Vorsitzender des Vorstandes,
VR-LEASING AG

Architektur gibt dem Leben Perspektiven. Wenn diese Perspektiven neue sind, aufregende und richtungsweisende, dann werden Immobilien-Finanzierung, werden Bau- und Immobilien-Management zu mehr als einem professionellen Geschäft – zu einer erfüllenden Aufgabe.

VR · BAUREGIE

Peter Rothmann,
Geschäftsführer,
VR-BAUREGIE GmbH

Ich habe das Recht
auf Bildung.

Foto von Robertino Nikolic für das INSTANT Projekt »Kinderrechte«, basierend auf der UN-Konvention der Rechte des Kindes.

INSTANT

INSTANT vernetzt Menschen, Ideen, Themen. T +49 69 405 78 501, F +49 69 405 78 597, E-Mail instant@trust.de

(Frankfurt, Frankfurter)

Das, was man gemeinhin unter »öffentlichem Raum« versteht, wird in der Stadt in physischer Hinsicht durch Gebäude, durch Architektur definiert. Zu Orten der Gemeinschaft werden umbaute Räume aber erst durch die Menschen, die sie mit Leben und mit Inhalten füllen.

Städte bilden aber auch als Ganzes einen »öffentlichen Raum«. Er ist nicht physischer Natur, sondern geistiger. Definiert wird er durch die Präsenz von herausragenden Persönlichkeiten, von Künstlern, Intellektuellen, Politikern, Unternehmern und anderen. Durch ihre Aktivität und die öffentliche Aufmerksamkeit, die diese Aktivität erfährt, bilden sie jene Kristallisationspunkte des öffentlichen Lebens, auf die die städtische Gemeinschaft angewiesen ist, um sich als solche zu erleben.

Welche Persönlichkeiten in Frankfurt am Main »Stadt« und »öffentlichen Raum« ausmachen, soll durch die im Buch verstreuten »Kostproben« ihres Wirkens dokumentiert werden: die in den Straßen und Plätzen aufgestellten Kunstobjekte, aber auch über die Geschichten, Gedichte und sonstigen Kommentare der Schriftsteller und natürlich über die Statements und Visionen der Frauen und Männer aus Gesellschaft, Politik und Wirtschaft. Nicht alle diese Persönlichkeiten leben in Frankfurt, aber alle haben hier ihre Spuren hinterlassen:

Professor Dr. Jean-Christophe Ammann
Direktor des Museums für Moderne Kunst

Matthias Beltz
Kabarettist,
Autor des Buchs *Gute Nacht Europa, wo immer du auch bist*

Jonathan Borofsky
Künstler, Autor des »Hammering Man«

Ignatz Bubis
Vorsitzender des Zentralrates der Juden in Deutschland und Präsident des European Jewish Congress

Professor Claus Bury
Bildhauer, Autor des »Pendulum«

Daniel Cohn-Bendit
Mitglied des Europäischen Parlaments

Ensemble Modern
Das Frankfurter »Spezialorchester für Musik des zwanzigsten Jahrhunderts«

William Forsythe
Intendant des Ballett Frankfurt und des Theater am Turm, TAT

Robert Gernhardt
Schriftsteller und Zeichner, untrennbar verbunden mit *Pardon* und *Titanic*

Professor Dr. h.c. Hilmar Hoffmann
Ehemaliger Kulturdezernent Frankfurts, heute Präsident des Goethe-Instituts in München

Ottmar Hörl
Künstler, Autor der »Gesten gegen die falsche Versöhnung«

Moritz Hunzinger
Unternehmer, Vorsitzender des Vorstandes der Hunzinger Information AG

Professor Per Kirkeby
Künstler, Autor der »Backsteinmauer« vor der Deutschen Bibliothek, lehrt an der Städelschule in Frankfurt

Professor Dr. Heinrich Klotz
Gründungsdirektor des Deutschen Architektur-Museums, bis vor kurzem Leiter des Zentrums für Kunst und Medientechnologie in Karlsruhe

Ulrike Kolb
Schriftstellerin, Autorin des Romans *Ohne Held*

Professor Kasper König
Leiter der Staatlichen Hochschule für Bildende Künste Frankfurt, der Städelschule

Professor Vittorio Magnago Lampugnani
ehemaliger Leiter des Deutschen Architektur-Museums, derzeit an der Eidgenössischen Technischen Hochschule Zürich

Claes Oldenburg
Künstler, Autor des »Inverted Tie and Collar«

Chlodwig Poth
Schriftsteller und Zeichner, Autor von *Last exit Sossenheim*

Prof. Dr. h.c. Marcel Reich-Ranicki
Literaturkritiker der *Frankfurter Allgemeine Zeitung*

Petra Roth
Oberbürgermeisterin der Stadt Frankfurt am Main

Ulrich Rückriem
Künstler, Autor der »Stele« am Schaumainkai

Rosemarie Trockel
Künstlerin, Autorin des »Frankfurter Engel«

Professor Wilfried Wang
Direktor des Deutschen Architektur-Museums

Dr. Martin Wentz
Stadtplanungsdezernent der Stadt Frankfurt am Main

(Quellen)

Dieter Bartetzkos *Die verdammte Ausnahme* und *Wo käufliche Liebe und freier Geist beheimatet sind* erschienen erstmals im Feuilleton der *Frankfurter Allgemeine Zeitung*.

Das Zitat von Matthias Beltz stammt aus seinem Buch *Gute Nacht Europa, wo immer du auch bist* (Karl Blessing Verlag, München 1998).

Oliver Elsers Besprechung *Schwebende Schwere* erschien erstmals in der *Frankfurter Rundschau*.

William Forsythes Gedicht *Gonefishing* und seine Zeichnungen und Grafiken stammen aus dem Begleitheft zur Aufführung von »The Loss of Small Detail« (Ballett Frankfurt).

Robert Gernhardts Gedichte *Zurück zur Unnatur* und *Blau und grün* wurden dem Buch *Lichte Gedichte* entnommen (Haffmanns Verlag, 1997).

Roman Hollensteins *Eine Pyramide für Kinder* erschien erstmals im NZZ-Folio, der Zeitschrift der *Neuen Zürcher Zeitung*.

Vittorio Magnago Lampugnanis *Eine kleine Metropole* erschien in der *Frankfurter Allgemeine Sonntagszeitung*.

Chlodwig Poths Bilder und Texte stammen aus seinem Buch *Last exit Sossenheim* (Knesebeck, München 1993).

Marcel Reich-Ranickis *Ist Frankfurt überall?* ist ein Auszug aus seiner Rede auf dem Neujahrsempfang 1997 der Stadt Frankfurt am Main (Deutsche Verlags-Anstalt, Stuttgart)

Petra Roths *Die Stadt definiert sich von ihrem Zentrum her* ist ein Auszug aus der »Halbzeitbilanz« der Oberbürgermeisterin von 1998.

Peter Rumpfs *Große Form und Leitdetails* erschien erstmals in der Bauwelt.

Manfred Schneckenburgers Text ist ein Auszug aus seinem Essay *Bewegter Stillstand: Pendulum*, der in voller Länge in *Claus Bury Pendulum* (Frankfurt am Main, 1998) nachzulesen ist.

Manfred E. Schuchmanns Text zu Ottmar Hörls *Gesten gegen die falsche Versöhnung* ist erschienen im von Thomas Knubben herausgegebenen Buch *Ottmar Hörl Materialprüfung* (Städtische Galerie Altes Theater Ravensburg, 1996).

Heinrich Wefings *Die Unfähigkeit zu Mauern* erschien erstmals in der *Frankfurter Allgemeine Zeitung*.

Iannis Xenakis' Text stammt aus dem Interview *Mathematische Dimensionen der Musik* (*Unesco Kurier 4*, 1986).